담임목사가 꿈꿔야 할 예배

당신이 하나님을 더 깊이 알아 가고 더 널리 알리는 사람이 되는 것, 이 책에 담겨진 예수전도단의 마음입니다. 말씀을 통해 저자가 깨닫고, 원고를 통해 저희가 누릴 수 있었던 그 감동이 책을 통해 당신에게도 전해지기 원합니다. 그리고 당신을 통해 그 기쁨과 은혜가 더 많은 이들에게 계속해서 흘러가기를 기도하겠습니다. 이 책을 통해 당신이 받은 은혜를 다른 분들에게도 나눠 주십시오. 사랑하고 축복합니다.

ⓒ 2014 예수전도단

본 저작물의 한국어판 저작권은 도서출판 예수전도단에 있습니다.
저작권법에 의해 보호받는 저작물이므로 무단 전재와 복제를 금합니다.

목회를 위한 예배에서 예배를 위한 목회로 나아가다

담임목사가 꿈꿔야 할 예배

김진훈 · 조건희 · 김경진 · 박정관 지음

예수전도단

추천사

기독교는 예배 공동체입니다. 하나님이 제정하신 안식일 제도는 본래 먹고 놀고 쉬기 위함이 아니라 창조주 하나님을 경외하고 교제하는 신령한 쉼을 위한 것이었습니다.

이스라엘 민족이 430년 동안의 애굽 생활을 접고 출애굽 하기로 정한 결정적 이유는 예배 때문이었습니다. 하나님이 장자인 이스라엘의 예배를 받으시기 위해 그들을 출애굽 시키신 것입니다. 이러한 전승을 이어 이스라엘 백성은 광야에서는 회막 예배를 드렸고, 가나안에 들어간 이후에는 성전을 건축하고 예배를 드렸습니다. 그들이 드린 예배의 대상은 오로지 하나님 한 분뿐이었습니다.

그런데 현대 교회의 예배는 어떻습니까? 인본주의에 밀린 교회는 바른 예배를 잃고 하나님을 예배 대상에서 밀어내는 잘못을 저지르고 있습니다. 바른 신앙은 바른 예배를 통해 성립되고 성장합니다.

한국교회의 예배 위기를 걱정하는 분들이 뜻을 모아 바른 예배의 회복을 위한 책을 펴내게 되었습니다. 이 책이 한국교회의 바른 예배를 회복하고, 나아가 하나님께 영광을 돌리는 열매를 거두리라 믿고 기대합니다.

저자들은 그동안 각각 다른 영역에서 자신들의 은사를 통해 한국 교회를 섬겼던 분들입니다. 전문성과 현장 경험이 한데 어우러진 역작을 펴낸 것입니다. 이 책이 목회자들과 모든 예배자의 각성제가 되어 바른 예배를 되찾는 계기를 마련한다면, 하나님은 영광을 받으시고 예배자는 은혜의 샘물을 마시게 될 것입니다.

예배의 회복을 통해 한국교회가 하나 되고 건강한 예배공동체가 되기를 바라는 열망으로 이 책을 추천합니다.

박종순 목사_충신교회 원로목사

예배의 성공은 신앙생활의 성공을 의미합니다. 오늘날 개신교회의 예배가 그런 성공을 제공하고 있는지를 이 책은 질문하고 있습니다.

이 책은 예배의 성서신학적 물음에서 시작하여 살아 있는 예배의 실제적인 예까지 제공합니다. 네 분의 신학자와 목회자가 마치 4중창의 조화된 음조로 예배의 미학을 그려내고 있습니다. 한국교회가 복음의 영광을 다시 회복하기 위해서는 예배에 대한 진지한 고뇌를

간과할 수 없습니다. 영과 진리로 충만한 예배 회복을 갈망하는 모든 목회자와 예배자에게 예배 회복의 교과서로 이 책을 기쁜 마음으로 추천합니다.

이동원 목사_지구촌교회 원로목사

그동안 우리는 성도수나 건물의 크기로 교회를 평가해 왔습니다. 하지만 지금 한국교회는 성도수나 건물의 크기를 놓고 개인과 공동체의 변화를 말하기는 힘든 상황에 봉착해 있습니다. 하나님이 찾으시는 성도, 그분이 기뻐하시는 공동체, 세상의 소망이 되는 교회가 되려면 우리 모두 새로워져야 합니다. 저는 그 중심에 교회 공동체의 예배가 있다고 봅니다. 그리고 교회 안에서 예배의 문제를 풀어 가는 것은 일차적으로 저와 같은 목회자들의 몫입니다. 하지만 목회자들은 성도를 섬기는 데 집중하다가 정작 스스로를 돌아보지 못하는 안타까운 상황에 빠지기 쉽습니다. 사명에 충실하다 보니, 회중뿐만 아니라 자신도 은혜를 받아야 한다는 사실을 까맣게 잊는 것입니다.

그래서 어떤 부분에서는 목회자가 자기 자신부터 먼저 돌아보고 성찰해야 할 필요가 있습니다. 목회자가 진정으로 예배를 사모하면 성도들도 예배를 사모하게 됩니다. 목회자가 예배의 감격을 체험하고 하나님의 임재 가운데 나아가면 성도들도 동일한 은혜를 누리게 됩니다. 그런 점에서 이 책은 목회자가 '예배'라는 안경을 통해 자신의 영성과 목회, 그리고 하나님과의 관계를 들여다보고 재검토할 수 있는 좋은 도구가 되어 줍니다. 또한 한국교회 현대 예배 운동의 태동과 발전 과정에서 귀한 역할을 감당해 온 예배 분야 전문가들의 책이기에 더욱더 한국교회 목회자들의 필독서로 추천합니다.

예배를 기획하든, 찬양을 인도하든, 설교를 하든 목회자는 제일 먼저 은혜를 구하며 적극적으로 하나님께 나아가야 합니다. 이 책을 통해 그렇게 변화될 모든 독자를 응원하고 축복합니다.

정필도 목사_수영로교회 원로목사

목차

추천사 · 4
출판사 서문 · 12

1부 | 담임목사가 알아야 할 예배의 의미 _박정관

1장 예배자를 찾으시는 하나님 · 18
예배는 우리가 아니라 하나님으로부터 비롯된 것이다

2장 성경에서 말하는 예배의 의미 · 28
'예배'의 성서신학적 의미 탐구

3장 성경에서 말하는 찬양의 의미 · 40
'찬양'의 성서신학적 의미 탐구

4장 문화의 옷을 입는 예배 · 54
우리 예배에 녹아들어 있는 문화적 요소에 대한 성찰과 분별

2부 | 담임목사가 붙들어야 할 예배의 초점 _김경진

5장 아는 만큼, 아는 대로 드리는 예배 · 82
하나님을 아는 지식과 예배

6장 제사가 아니라 믿음, 의식보다 삶, 건물 대신 공동체 · 94
신약의 예배 정신을 이어받은 초대교회

7장 화려하고 장엄하지만, 속은 텅 빈 예배 · 106
전적 은혜와 삶의 예배를 잃어버린 중세교회

8장 의식과 삶이 조화롭게 어우러지는 예배 · 117
'예배 회복'의 관점에서 바라본 종교개혁

3부 | 담임목사가 가져야 할 예배 영성 _김진호

9장 담임목사도 예배자다 · 132
예배가 '일'이 되지 않으려면

10장 예배를 위한 목회를 하라 · 146
예배가 목회 성공의 '도구'가 되지 않으려면

11장 회중을 관객이 아니라 예배자로 세우라 · 160
예배가 사람을 즐겁게 하는 '쇼'가 되지 않으려면

12장 어떤 형식의 변화에도 잃지 말아야 할 예배 정신 · 170
예배가 '교회 안'에 갇혀 있지 않게 하려면

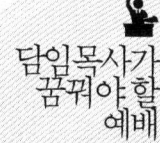

4부 | 담임목사가 시도해야 할 예배의 실제 _조건회

13장 지금 우리가 서 있는 예배의 자리 · 194
담임목사의 고민을 통해 바라본 한국교회 예배의 현실

14장 세대와 세대를 이어주는 공동체 예배 · 211
예배 세대차의 대안, 통합적 예배(Blended Worship)

15장 통합적 예배로 가기 위한 다리 · 222
예배의 큰 그림을 그려 보라

16장 통합적 예배의 실제 · 236
예능교회의 주일예배 살펴보기

마치며 · 256
참고도서 · 260

출판사 서문

예배는 공동체가
경험할 수 있는
최고의 시간

공동체(共同體). 하지만 우리의 공동체는 너무나 자주 그 이름의 뜻과는 반대되는 지점에 섭니다. 그래서 공동체가 안팎에서 이런저런 상처를 받을 때, 예배는 만신창이 몸을 감싸 안는 따뜻한 품이 됩니다. 공동체가 힘든 시간을 겪을 때, 예배는 하나님을 향한 간절한 눈물과 부르짖음의 기록이 됩니다. 그렇게 약하디약한 공동체는 특별할 것 없는 예배의 자리에서 위로받고 새로운 힘을 얻습니다.

  공기와 물처럼 늘 곁에 있어 존재를 잊고 살지만, 예배는 공동체가 경험할 수 있는 최고의 시간입니다. 하늘 아버지와의 친밀한 만남이기에 예배는 그 자체로 충만하고 행복한 경험입니다. 그래서 교회 공동체를 섬기는 담임목회자는 예배에 대해 고민이 많습니다. 이 책은 교회를 섬기는 담임목회자에게 평생 기쁨이자 과제가 될 공동체 예배에 관한 이야기입니다.

그동안 한국교회는 다양한 도서와 세미나, 훈련 과정을 통해 예배에 관한 풍성한 유익을 얻었고, 더 성숙한 예배문화를 누렸습니다. 하지만 대부분 도서와 교육 프로그램이 찬양예배에만 초점이 맞춰져 있고, 예전 중심의 지역교회 예배에 관해서는 이렇다 할 지침이 부재한 것이 사실입니다. 그러다 보니 개인의 주관적인 예배 경험을 일반화시켜 공동체 예배에 적용하거나 예배 준비를 설교 준비와 동일시하고, 예배를 '음악적'이거나 '전문적'인 것으로 오해해서 신학적, 목회적 소양을 갖추지 못한 이들에게 쉽게 결정권을 맡기는 안타까운 상황이 벌어지고 있습니다. 이 모든 것은 지역교회 가운데 올바른 예배관과 예배 신학, 예배 영성과 예배 디자인의 개념이 세워져 있지 않은 결과입니다.

이 책은 그런 상황 속에서 공동체의 예배를 섬기고자 애쓰며 수고하는 담임목회자들을 위해 기획되었습니다. 지역교회 예배의 안타까운 모습이 전부 담임목회자의 책임이라거나 담임목회자만 바뀌면 예배가 나아질 거라고 생각하기 때문이 아닙니다. 공동체 예배에 가장 민감하게 귀 기울이고 반응할 사람들이 담임목회자이기 때문입니다. 하나님이 일하시는 방식이 그렇듯, 공동체 예배의 회복과 변화가 하나님이 부어 주시는 특별한 마음을 품은 소수의 사람으로부터 시작될 것이기 때문입니다.

이 책의 탄생을 가능케 해주신 네 분의 저자들께 감사의 말씀을 전합니다.

1부 "담임목사가 알아야 할 예배의 의미"를 집필하신 박정관 목사님은 성서신학적 관점에서 예배와 찬양의 의미, 예배와 문화의 상관관계를 다뤄 주셨습니다. 또한 이 책의 전체적인 균형을 잡고 각각의 세부 내용을 일관성 있게 편집하는 데 중요한 역할을 맡아 주신 것에 진심으로 감사드립니다.

2부 "담임목사가 붙들어야 할 예배의 초점"을 집필하신 김경진 교수님은 교회사의 관점에서 초대교회와 중세교회, 그리고 종교개혁기의 예배를 자세히 짚어 주셨습니다. 숨 가쁜 수업 일정 속에서도 함께해 주셔서 이 책에 깊은 통찰력을 더해 주신 것에 진심으로 감사드립니다.

3부 "담임목사가 가져야 할 예배 영성"을 집필하신 김진호 목사님은 지역교회 목회자가 빠지기 쉬운 잘못된 예배 패러다임을 다뤄 주셨습니다. 무엇보다 이 책의 초기 아이디어를 긍정적으로 평가해 주시고 출간되도록 문을 열어 주신 것에 진심으로 감사드립니다.

4부 "담임목사가 시도해야 할 예배의 실제"를 집필하신 조건희 목사님은 교회의 공동체 됨을 회복하고 다음 세대를 세우는 통합적 예배(blended worship)를 보여 주셨습니다. 바쁜 목회 일정 속에서도 기름부음 넘치는 예배의 아름다운 모델과 실제적인 지침을 효과적으로 정리해 주신 것에 진심으로 감사드립니다.

이 책을 통해 우리가 생각하는 예배가 하나님이 원하시는 예배가 아닐 수도 있다는 사실을 새삼스레 깨닫습니다. 꾹꾹 참으며 애써 자리를 지켜야 할 지루한 주간 행사가 아니라는 말입니다. 예배는 예수 그리스도의 십자가 대속으로 구원받아 하나님의 백성이 된 순간부터 그분의 부르심을 좇아 이 땅에서 하늘을 경험하는 저희와 여러분의 삶, 하나님의 임재와 믿음의 순종으로 가득 찬 놀라운 현장입니다. 한국교회 가운데 이런 예배가 회복되고 더욱 풍성해지는 데 이 책이 사용되기를 간절히 소망합니다.

도서출판 예수전도단

박정관 목사는 이십대 초반에 예수를 믿고 서울 용산구의 충신교회에서 세례를 받았다. 청년부, 교회학교, 성가대 등에서 열심히 봉사하던 그는 서울대 학부 및 대학원(영어영문학)을 마치고 장신대 신학대학원에 입학했다. 신학대학원 재학 중에는 기독교 세계관 운동에, 졸업 후에는 찬양과 경배 운동 및 기독문화 운동에 참여하면서 일상의 삶에 임하는 하나님 나라에 대한 관심을 가지고 문화운동가로 활동했다.

충신교회의 부목사와 한국 다리놓는사람들 대표로 사역하던 도중, 신학대학원 시절부터 가졌던 성서와 현실의 관계에 대한 오랜 질문에 대한 답을 찾기 위해 1999년에 유학을 떠나 미국의 프린스턴신학대학원과 하버드대학교에서 성서학 및 관련 분야의 공부를 마친 뒤 영국의 케임브리지대학교에서 신학과 해석학(theology & hermeneutics)으로 박사학위를 받았다. 유학 도중 케임브리지한인교회의 임시담임목사로 사역했으며, 2008년 귀국한 뒤 문화연구원 소금향을 세웠다.

현재는 충신교회 협동목사, 한국 다리놓는사람들 대표, 문화연구원 소금향 원장으로 재직 중이며, 저서로는 《하나님이 찾으시는 참된 예배자》, 창작곡으로는 "옥합을 깨뜨려"(내게 있는 향유옥합), "형제의 모습 속에 보이는" 등이 있다.

1부

담임목사가 알아야 할 예배의 의미

박정관

1장 예배자를 찾으시는 하나님

> 예배는 우리가 아니라 하나님으로부터 비롯된 것이다

한국교회의 예배가 많이 변했다.

우선, 형식이 달라졌다. 대부분 교회가 전통적인 예배 형식을 따라 주일예배를 드리던 1980년대 후반과 새로운 형식의 통합을 시도하고 있는 오늘날의 모습을 비교해 보면, 그것을 더욱 실감하게 된다. 또한 예배를 위한 인력과 장비를 동원하는 면에서도 달라졌다. 새로운 형식의 예배모임에 맞는 음악을 뒷받침하기 위해 전자악기와 음향 시스템을 갖춘 것은 물론이고, 그러한 모임을 기획하고 진행할 만한 전담목회자도 필요하게 되었다.

그리고 예배에 대한 관심도 높아졌다. 물론 예배는 예나 지금이나 신앙생활의 중심에 자리 잡고 있다. 그러나 오늘날처럼은 아니었다. 이제는 '예배의 성공은 신앙의 성공'이나 '예배의 성공은 인생의 성공'과 같은 말도 자주 들린다.

　이런 점들을 놓고 볼 때, 한국교회가 이처럼 예배에 큰 관심을 가진 적이 있었는가 하는 생각이 들 정도다. 그렇지만 변화가 큰 만큼 문제도 많다. 변화의 속도와 범위에 대처할 준비를 제대로 갖춘 교회와 목회자가 적기 때문이다. 말하자면 목회적 상황 때문에 그러한 변화를 받아들여야 할 입장에 처해 있기는 하지만, 변화의 원인이나 변화를 받아들여야 할 이유, 변화에 대한 준비 사항 등을 파악하지 못한 채 이루어지는 경우가 많다는 것이다. 심지어 근본적인 차원에서 예배가 무엇이며 왜 그토록 중요한지에 관한 성서적 이해조차 없이 그러한 변화에 직면하고 있는 이들도 있다. 요컨대 지금 상황에서 목회자가 가지게 되는 고민은, 예배에 대한 많은 기대와 변화가 있지만 정작 목회자 자신에게는 그러한 기대와 변화에 상응할 준비가 제대로 되어 있지 않다는 점이다.

　이 책의 1부는 바로 그러한 고민에 대한 응답으로 마련되었다. 이제 1부를 읽어 가면서 우리는 예배의 중요성과 의미, 그리고 현재 일어나고 있는 예배 형식의 변화에 대한 성서적 근거를 발견하게 될 것이다. 그런데 이 과정에서 우리가 먼저 기억해야 할 것이 있다. 그것은 바로 예배의 기반이 우리의 필요나 기대라기보다는 하나님의 부르심에 있다는 점이다.

예배자 찾기

요한복음 4장 23절에는 '예배하는 자들'이라는 표현이 두 번 나온다. 이 중 뒤에 나오는 표현은 위에서 소개한 동사 프로스퀴네오의 복수 분사형으로 되어 있어서 '예배하는 자들'로 번역하는 것이 당연하지만, 처음에 나오는 것은 이 동사에 사람을 가리키는 접미사 에테스(-etes)를 붙여 만든 명사 프로스퀴네테스(proskynetes)의 복수형으로 되어 있어서 '예배자들'이라고 번역해야 한다. 이 표현을 사용하여 이 구절에 해당하는 원문을 다시 번역하면, "참된 예배자들이 아버지께 영과 진리로 예배할 때가 오나니…"라고 할 수 있다. 그렇다면 '참된 예배자'란 어떤 사람인가?

예배자란 하나님을 예배하는 사람이다. 쉽게 생각하면, 교회에 예배하러 모인 사람은 모두 예배자다. 그러나 참된 예배자라고 할 만한 예배자는 어떤 사람일까?

구약시대 속담 중에 "사울도 선지자(들) 중에 있느냐"(삼상 10:11, 12, 19:24)라는 말이 있다. 이는 사울이 선지자가 아님에도 선지자 무리를 만나 성령에 감동되어 갑자기 하나님의 말씀을 대언한 일, 즉 선지자도 아니면서 선지자가 하는 일을 한 데서 생긴 속담이다. 즉, 제격에 맞지 않는 일을 했을 경우를 가리킬 때 사용하는 표현이다. 달리 말하자면, 한두 번 예언을 했다고 해서 다 선지자가 되는 것은 아니라는 말이다.

사무엘을 보면 제대로 된 선지자가 어떤 사람인지를 알게 된다. 그는 어려서부터 하나님의 음성을 듣고 자랐는데, 이는 그가 하나님의 뜻을 제대로 이해하기 위해 준비되는 과정이었다(삼상 3:1-14). 이 과정을 거쳤기 때문에 그는 하나님의 말씀을 제대로 전할 수 있었고, 그가 전한 모든 것이 그대로 이루어졌다(삼상 3:19). 한마디로 사무엘은 선지자로 준비되어 선지자로 활동했다. 그러나 사울은 그런 사람이 아니었다. 그의 예언 행위는 그의 마음과 삶에서 시작된 것이 아니라, 주위에 있던 선지자들의 예언 행위에 의해 촉발된 것이었다. 즉, 하나님께 말씀을 받아 전한 것이 아니라 그저 주위 사람들이 하니까 하게 된 것이란 말이다.

예배자의 경우도 마찬가지다. 하나님을 신뢰하여 그분의 뜻을 따라 마음 중심으로부터 예배하는 참된 예배자가 있는가 하면, 주위 사람들이 예배하니까 그저 따라서 예배하는 사람이 있다. 다시 말해, 자신의 마음이 하나님을 향해 움직이기 때문에 예배하는 사람이 있는 반면, 옆에 있는 사람들의 예배 행위에 묻어가기만 하는 사람도 있다.

주중에 젊은이들을 위한 예배모임(당시의 명칭으로는 찬양모임)을 교회마다 마련하던 1990년대에 목회자로부터 그 모임에 대한 좌절이 담긴 말을 들은 적이 있다. 좋은 악기와 좋은 장비, 좋은 공간을 제공하고 예배인도 팀에게 전폭적인 지원을 하는데도 정작 모임이 제대로 되지 않는다는 말이었다. 그런데 그러한 상황은 지금도 계속되고 있다. 그때와 다른 점이 있다면 1990년대의 좌절이 젊은이들을 위한 주중의 모임에 대해 일어난 반면, 지금의 좌절은 전통적인 스타일과 찬양과 경배 스타일이 통합된 주일예배 모임에 대해 일어난다는 것이다.

좋은 예배 시설, 좋은 예배 순서, 좋은 예배 도구는 분명히 좋은 예배에 도움이 된다. 그러나 좋은 예배 환경만으로 좋은 예배가 보장되는 것은 아니다. 예배는 결국 예배자로부터 일어나는 것이기 때문이다. 진정한 예배자는 좋은 예배 환경이 아니라 좋으신 하나님 때문에 예배할 마음을 얻는다. 이러한 예배자들이 모인 곳에는 좋은 예배가 일어난다. 하나님은 바로 이러한 진짜 예배자들을 찾으시며, 이런 사람들이 많은 교회는 행복한 교회다.

예배는 예배다

'예배의 성공은 인생의 성공'이라는 말은 제대로 된 예배의 결과 또는 열매가 제대로 된 인생이라는 뜻이다. 이 말이 일반 성도들을 위한 것이라면, 이것의 목회자 버전은 '예배의 성공은 목회의 성공'이라 할 수 있다. 문제는 무엇이 예배의 성공인가다.

예배의 목표는 하나님을 예배하는 것이다. 그리고 예배의 성공은 이 목표를 달성하는 것이다. 그러니 하나님을 제대로 예배했다면 예배에 성공한 것이다. 그렇다면 어떻게 해야 하나님을 제대로 예배한 것이 되는가?

　우선 예배의 성공으로 이어지는 길을 찾으려면, '어떻게 해야'라는 질문을 일단 유보해야 한다. 위에서 언급했듯이 예배의 성공이 좋은 예배 환경을 갖추는가에 있기보다는 좋은 예배자들을 많이 얻는 것에 달려 있기 때문이다. 즉, 예배의 의미와 가치를 알고 실제로 예배하는 것이 무엇인지를 아는 예배자들이 있으면 좋은 예배가 일어날 준비가 되었다고 할 수 있다. 여기에 시설과 순서도 좋다면 그야말로 금상첨화다. 그러니까 '어떻게 해야'라는 질문은 교회에 좋은 예배자들이 있을 경우에 의미를 얻게 된다.

　예배의 성공에 관련된 또 다른 문제는 왜 예배하는가다. 영어 속담에 "Put the cart before the horse"(말 앞에 마차를 둔다)라는 말이 있다. 마차 앞에 말이 있어야 하는데, 거꾸로 했기 때문에 일이 제대로 되지 않는다는 뜻이다. 이와 같은 일이 목회자가 예배를 대하는 태도에도 일어날 수 있다. 바로 목회의 성공을 위해 예배의 성공을 추구하는 것이다. 사실 이것은 목회자에게 끊임없이 제기되는 시험이기도 하다.

　무슨 일에든 동기가 중요하다. 겉으로 아무리 하나님의 영광을 위하고 교회를 위해 수고하고 노력한다고 말하고 실제로도 열심히 해도, 마음에 숨겨진 동기가 자신의 명예에 있으면 하나님 앞에서 무슨 상을 받을 수 있을까? 결국 자신을 위해서 수고한 것이니 이 땅에서 받을 것 다 받고 끝나 버리는 일이 되지 않을까?

이 문제를 예배모임으로 좁혀 생각해 보자. 예배모임을 준비할 때 목회자가 가장 신경을 쓰게 되는 순서는 설교다. 그런데 설교는 예배모임의 일부다. 실제적인 차원에서 생각한다면, 예배모임에서 우리는 하나님을 예배하고, (설교를 통해) 하나님의 말씀을 듣는다. 그런데 이 둘의 관계가 결과의 관계가 될 수도 있고 목적의 관계가 될 수도 있다. 말하자면, 하나님께 예배하는 데에 초점을 맞추기 때문에 제대로 예배하는 중에 마음이 열려 설교를 잘 듣게 되는 예배모임이 있는가 하면, 모든 순서가 설교를 중심으로 짜였기 때문에 각 순서의 의미를 결국 설교에서 찾게 되는 예배모임이 있다. 그러나 설교가 아무리 중요해도 예배의 목표는 설교가 아니라 하나님을 예배하는 데 있다. 그러므로 우리는 다음과 같은 질문을 던질 수 있다.

"목회자들이 설교의 성공을 위해 예배의 성공을 추구하고 있지는 않은가? 즉, 목회의 성공을 위해서는 설교의 성공을 이루어야 하고, 설교의 성공을 위해서는 예배의 성공을 이루어야 한다고 생각하지는 않는가?"

예배는 예배다. 예배는 설교의 성공을 위한 자리도, 목회의 성공을 위한 발판도 아니다. 예배는 오직 온 세상을 창조하시고 우리를 구원하신 좋으신 하나님 아버지를 만나 그분을 높이며 드러내는 자리다. 더도 덜도 아니다. 그런데 바로 이러한 예배가 목회의 성공, 즉 하나님께 칭찬받을 목회로 이어지며, 인생의 성공, 즉 하나님께 상을 받는 생활로 이어진다. 이 점을 잊지 말아야 한다.

목회자가 예배를 아는가

이제 참으로 중요하고도 심각한 질문을 던질 때가 되었다. 목회자는 과연 예배를 알고 있는가? 무슨 말이냐고 되물을지 모르지만, 기초에서 무너지는 경우가 드물지 않기 때문에 이 질문을 던질 수밖에 없다. 한 예로 '열린 예배'라는 용어를 들여다보면, 예배에 대한 이해가 얼마나 피상적인지를 알 수 있다.

열린 예배는 미국의 윌로우 크릭 교회(Willow Creek Community Church)의 '구도자모임'(seeker service)에 대한 번역어다. 이 모임은 원래 윌로우 크릭 교회가 비신자들을 위해 마련한 모임이었는데, 'seeker'에 대한 번역어인 '구도자'라는 말이 우리로서는 어색하기 때문에 비신자에게 열렸다는 의미로 당시 자주 사용하던 '열린'이라는 표현으로 대체했고, 'service'는 '예배'로 옮긴 것이다. 그런데 이 '열린 예배'라는 표현이 제대로 된 것인가? 하나님과의 관계가 아직 형성되지 않은 비신자들에게 예배라는 개념이 가능한가?

물론 이 문제에는 'service'의 의미에 대한 이해 부족이 자리하고 있다. 'service'의 뜻은 한둘이 아니다. 이 단어는 섬김 또는 봉사라는 기본적인 의미에서 나아가 식당에서의 서비스(접대), 직장에서의 근무, 우편 업무(mail service)와 같은 공공 업무, 군대에서의 복무 등의 의미를 담고 있다. 또한 교회의 공식 모임을 가리키기도 하는데, 이 경우 예배모임은 'worship service', 기도회는 'prayer service'라고 한다(편하게는 worship meeting, prayer meeting이라고도 한다). 그러니까 'service'를 곧바로 예배로 번역해 버리는 것은 이 단어를 피상적으로 이해한 결과일 뿐이다.

구도자 모임의 성격에 대한 이해 부족도 있다. 이 모임의 순서는 찬양, 설교, 헌금으로 이어지는 예배모임의 순서를 토대로 하되, 비신자들에게 맞게 각 순서를 약간씩 각색해서 음악 공연, 강연(주제를 제시하기 위한 짧은 연극이나 영상물 포함), 헌금의 순서로 만들었다. 이 모임을 찬양과 경배 스타일의 예배모임과 비교하여, 찬양과 경배 스타일을 "stand up and raise your hands"(일어나 손을 들라)로, 구도자 모임을 "sit back and relax"(편히 앉아 쉬라)라고 표현하기도 했다. 한마디로 이 모임은 신자들이 하나님을 예배하도록 마련한 것이 아니라, 기독교 신앙에 관심 있는 비신자들이 편한 마음으로 교회에 들어오도록 배려한 것이다.

그런데 구도자 모임과 달리 열린 예배는 어중간한 것이 되어 버렸다. 우선 그 주요 대상을 생각해 보면, 구도자 모임의 원래 목적은 비신자여야 하는데 우리말 번역의 '예배'라는 명칭을 보면 신자인 셈이고, 실제로는 (신자든 비신자든) 젊은이들이었다. 또한 그 내용은 예배와 문화 행사가 겹친 모습이었다.

그런데 곰곰이 생각해 보면, 아무리 구도자 모임의 성격과 그 모임의 영어 명칭에 대한 이해가 부족했다 하더라도 예배가 무엇인지를 제대로 알고 그 의미를 제대로 지켰다면 비신자들을 염두에 둔 모임에 '예배'라는 단어를 선뜻 내걸지는 않았을 것이다. 예배는 하나님과의 관계가 회복된 신자를 위한 것이며, 그렇지 않으면 예배가 성립될 수 없기 때문이다. 정말 중요하고 간단한 이 원칙이 실제 현장에서 왜 자주 무너지는 것일까? '사람만 많이 모인다면'이라는 목회적 동기 때문에 예배의 본질을 잊어버렸기 때문일까? 아니면 예배의 본질이 무엇인지를 아직도 모르고 있기 때문일까? 아니면 둘 다인가?

2장 성경에서 말하는 예배의 의미

| '예배'의 성서신학적 의미 탐구

교회 생활을 시작할 때 가장 먼저 접하게 되는 것 중 하나가 예배이며, 교회 생활을 오래 할수록 자주 접하게 되는 것도 예배다. 사실 예배는 그리스도인의 삶의 방식에서 호흡이나 식사처럼 가장 기초적이면서 중요한 것이라고 할 수 있다. 그런데 너무 익숙하기 때문인지 예배만큼 자주 오해를 불러일으키는 것도 없다.

그렇기 때문에 예배에 대해 제대로 이해할 수 있으려면 성경이 예배를 어떻게 제시하고 있는지를 살펴봐야 한다. 그리고 또한 우리나라의 그리스도인들 사이에 만연해 있는, 예배에 대한 오해를 제거해야 한다.

예배와 예배회

1980년도에 예배를 표현하는 말에 대한 논쟁이 있었다. 간단히 말해 그것은 예배는 관람하는 것이 아니니 '예배 본다'는 것은 틀렸고, '예배 드린다'고 해야 한다는 것이었다. 언뜻 생각하면 맞는 말 같지만, 이 논쟁을 잘 들여다보면 그 저변에 심각한 두 가지 오류가 깔려 있음을 알 수 있다. 그중 하나는 우리말 '보다'에 대한 오해이고, 다른 하나는 '예배'와 '예배회' 사이의 혼동이다.

우리말의 '보다'에는 다양한 의미가 있다. 이는 눈으로 무엇을 보는 것으로부터 시작하여, 돌보다(아이를 '보다'), 치르다(시험을 '보다'), 간주하다(옳다고 '보다'), 하다(일 '보다') 등을 의미한다. 다시 말해 우리말의 '보다'는 시각 활동을 포함해서 여러 가지 활동을 가리킨다. 그러니 '예배 본다'는 것은 예배를 구경하거나 관람한다는 뜻이 아니라 예배 행위를 한다는 뜻이다. 틀린 말이 아니라는 말이다.

그렇다면 '예배 드린다'는 말은 어떠한가? '2부 예배를 드렸다'는 표현을 생각해 보자. 2부 예배가 있으면 1부 예배도 있다. 그러니 이 말은 그 교회가 주일에 적어도 두 번의 예배모임을 가진다는 뜻이 되며, 2부 예배는 그중 두 번째 예배라는 뜻이다. 그러면 이 두 번째 예배를 '드린다'는 것은 무슨 말인가?

'기도하다'는 말과 '기도(를) 드리다'는 말은 뉘앙스의 차이는 있지만 동의어라고 할 수 있다. 그렇다면 '예배하다'는 말과 '예배(를)

드리다'는 말도 마찬가지의 경우라고 할 수 있다. 그렇다면 '2부 예배 드렸다'는 것은 2부 예배를 위한 모임에서 예배를 드렸다는 정도의 뜻이 된다. 그런데 이 표현에는 (한국교회는 이 말을 잘 쓰지 않지만) 예배회와 예배 사이의 범주에 대한 잘못된 오류가 있다. 그릇에 해당하는 예배회와 그 그릇에 담기는 내용물인 셈인 예배가 서로 다른 범주에 속하는 개념임에도 동일시되는 것이다.

기도회와 기도는 구분된다. 간단히 말해 기도회는 기도하기 위한 모임이다. 그러니 기도회에 참석한 것과 실제로 기도하는 것은 별개의 문제다. 기도회에 참석했다고 자동으로 기도한 것이 되지는 않는다는 말이다. 그러므로 "오늘 기도회에 참석했는데 기도가 잘 안 됐어"라고 말할 수도 있고, 실제로도 그렇게 말한다.

예배회와 예배도 구분된다. 예배회는 예배를 위한 모임인데, 우리가 '주일예배', '수요예배'라고 부르는 것은 사실상 '주일예배회', '수요예배회'다. 이 구분은 중요하다. 왜냐하면 기도회에 참석했다고 해서 기도한 것이 되지 않는 것처럼, 예배회에 참석했다고 예배한 것은 아니기 때문이다. 그러나 사람들은 대개 예배회에 참석하기만 하면 실제로 예배했는지를 묻지 않는다. 물론 예배회에 참석했더라도 졸음이나 딴생각으로 예배회의 순서에 집중하지 않으면 예배를 제대로 드리지 않았다고 생각한다. 그렇지만 엄밀히 말해 예배하는 것은 예배 순서에 집중하는 것과 다르다. 기도회의 순서에 집중하는 것과 실제로 기도하는 것이 다르듯이 말이다.

이 오해를 극복하기 위해서는, 무엇보다 언어 표현부터 예배를 위한 모임과 그 모임에서 실제로 예배하는 것을 구분할 필요가 있다. 이를 위해 먼저 예배를 가리키는 표현으로 '예배하다'라는 표현을 사용할 필요가 있다. 성경에서 사용되는 것도 바로 이 표현이다(창 22:5; 삼상 1:3; 시 99:9; 겔 46:3; 요 4:23; 행 8:27). 이 표현을 마음으로 받아들인다면 자신에게 다음과 같이 질문을 던질 수 있다. "나는 지난 주일예배회에서 주님을 예배했는가, 아니면 설교만 했는가?"

예배와 경배

1980년대 후반부터 한국교회에는 경배라는 말이 들리기 시작했다. 물론 이 단어는 홀로 사용되기보다 '찬양과 경배'나 '경배와 찬양'과 같은 표현 속에서 사용되었다. 초기 찬양과 경배 운동을 주도한 사람들이 이 단어에 주목한 것은 한국교회의 예배가 화석화되어 가는 것에 대한 안타까움 때문이었다. 말하자면 당시 '예배'라는 말에는 한마디로 말해 지루하고 따분하나 교인이기 때문에 의무적으로 참여하는 느낌이 담겨 있었는데, 새롭게 사용하기 시작한 '경배'라는 단어에는 하나님의 임재에 대한 역동적인 반응에의 열의가 담겨 있었던 것이다. 그렇다면 예배와 경배는 어떻게 다른가? 경배는 구체적으로 무엇을 의미하는가?

사실 이 두 한자어의 의미는 같으며, 용례의 분포가 다를 뿐이다. 구체적으로 말하자면, 중국에서는 '경배'(敬拜, 찡빠이)라는 단어를, 일본에서는 '예배'(禮拜, 레하이)라는 단어를 주로 사용한다.

그렇다면 우리나라의 경우는 어떠한가? '찬양과 경배'라는 표현이 등장한 1980년대 후반 이전에 한국교회는 '예배'라는 단어를 사용했다. 흥미로운 점은 그때까지 한국교회가 강단용으로 사용하던 성경(개역한글판)에 주로 나타난 단어가 '예배'가 아닌 '경배'였다는 사실이다. 이 번역판에서 '예배'라는 단어는 신약의 요한복음, 사도행전, 로마서에서만 보인다. 그런데 이 부분에서 '예배'라고 번역된 그리스어 동사 프로스퀴네오(proskyneo)는 다른 곳에서 모두 '경배'로 번역된다.

이상의 관찰을 정리하면 다음과 같은 결론을 얻을 수 있다. 예배와 경배는 같은 의미를 가진 단어다. 다만 중국교회는 경배를, 일본교회는 예배를, 그리고 한국교회는 (1980년 중반까지) 이 두 단어를 모두 (교회 생활에서는 예배를, 성경에서는 주로 경배를) 사용했을 뿐이다. 요즈음도 한국교회는 교회 생활에서든 성경(새로 나온 개역개정판)에서든 두 단어를 함께 사용한다. 그리고 일본교회도 찬양과 경배 운동을 통해 경배라는 말에 익숙해진 한국 기독교인들과의 교류를 통해 '경배'(敬拜, 게하이)를 사용하기 시작했다.

흥미로운 사실은 찬양과 경배 운동이 일어난 지 20여 년이 지난 지금, 1990년대라면 '찬양'이나 '경배'라는 단어가 사용되었을 경우에 오히려 '예배'가 사용되고 있다는 것이다. 말하자면 한때 '찬양사역자', '찬양과 경배 학교' 등으로 불리던 것이 이제는 '예배사역자', '예배학교' 등으로 불리고 있다는 말이다. 당시 '경배'라는 생소한 단어를 사용하기까지 하면서 회복되기를 바라던 것이 이제 이루어졌기 때문일까….

예배를 가리키는 성경의 단어들

예배의 성서적 의미를 알아보기 위해서는 먼저 예배와 관련된 성서어를 살펴보는 것이 좋다. 그러나 이 과정에서 유념해야 할 것은, 성서어와 오늘날의 교회가 사용하는 개념이 서로 일대일로 대응되지 않을 수도 있다는 점이다. 성서를 기준으로 성서에서 사용되는 표현을 '일차어'(first-order language)라고 하고 성서어를 기반으로 하는 교회의 용어(신학용어 포함)를 '이차어'(second-order language)라고 한다면, 일차어와 이차어의 의미가 항상 일치하는 것은 아니라는 것이다.

예배가 그 대표적인 예다. 신약에서 '예배'로 번역되는 단어 그리스어 동사는 세 가지인데, 아래에 조금 더 자세히 설명하겠지만 그 의미가 서로 다르다. 그렇기 때문에 신약에서 말하는 예배는 이차어로서의 예배, 즉 현재 우리가 말하는 예배보다 더 넓거나 다양한 의미를 담고 있다고 할 수 있다.

이 점을 염두에 두고서 예배와 관련된 성서어를 살펴보자. 우선 '예배' 또는 '경배'로 번역되는 구약의 단어로는 동사 히시타하와(*hishtachawah*)가 있다. 그리고 신약에서 예배로 번역되는 단어로는 동사 프로스퀴네오, 명사 라트레이아(*latreia*), 동사 세보마이(*sebomai*)가 있다. 말하자면 구약의 한 단어와 신약의 세 단어가 '예배'로 번역된다.

신약의 단어들 중 프로스퀴네오는 '엎드려 절하다'라는 기본적인 의미를 가지고 있고, 라트레이아는 라트류오(*latreuo*)의 명사로써 하나님께 드리는 제사를 배경으로 하는 단어이며, 세보마이는 '경외하다'는 뜻을 기반으로 하는 단어다. 이 세 단어와 각각 짝이 될 만한 구약의 단어를 찾는다면 다음과 같다. 우선, '엎드려 절하다'라는 뜻에서 출발한 프로스퀴네오와 같은 의미를 가지는 단어는 이미 언급한 히시타하와다. 제사 직무를 의미 배경으로 하는 동사 라트류오와 짝을 이룰 수 있는 구약의 동사는 '섬기다'를 의미하는 셰레트(*sheret*)이며, 세보마이와 연결되는 구약의 동사는 '두려워하다'나 '경외하다'를 의미하는 야레(*yare*)다. 이 세 단어군의 의미를 더 자세히 설명하자면 다음과 같다.

반응으로서의 예배

구약의 히시타하와는 기본적으로 배를 땅에 대고 엎드리는 행동을 가리키는데, 이것은 사람을 만났을 때 보이는 반응인 인사, 특히 경의를 표하는 인사와 같은 것이었다. 예를 들어, 아브라함은 장막 문 앞에 앉아 있다가 세 나그네를 보고서 "달려나가 영접하여 몸을 땅에 굽혔"는데, 여기서 "굽혔다"는 히브리어 동사 히시타하와를 번역한 것이다(창 18:2). 그런데 이 단어가 출애굽기 33장 10절에서는 "예배하며"라고 번역된다. 이 경우의 예배 동작은 땅에 엎드려 한 것이 아니라 "일어나…서서" 한 것이다. 말하자면, 원래 몸의 동작을 가리키던 동사 히시타하와가 여기서는 하나님을 향한 내면의 태도를 가리키는 말이 된 것임을 알 수 있다. 요컨대 사람에 대한 인사가 하나님께의 예배로 발전된 것이다. 이 점에 근거해서 우리는 예배에 대해 다음과 같은 추론을 시도해 볼 수 있다.

첫째, 예배는 하나님께 대한 인사와 같은 것이다. 우리말의 한자어 예배(禮拜)도 이 점을 제대로 표현한다. 한자어 禮(예)의 원래 의미는 요즈음 우리가 생각하는 것처럼 '사람에 대한 바른 태도'가 아니라, '신(神)에 대한 바른 태도'다. 따라서 '예배'라는 한자어가 원래 뜻하는 것은 '하나님께 대한 바른 태도로서의 절하기'나 '하나님께 바른 태도를 갖추어 절하기' 정도가 된다.

둘째, 사람을 만났을 때 가장 먼저 보이는 반응인 인사에는 적어도 두 가지 의미가 있다. 우선, 인사는 우리가 만난 사람을 존중하는 표현이다. 만일 우리가 상대방이 누구인지 알고 있음에도 인사하지 않는다면, 그것은 그 사람을 무시하거나 상대하지 않겠다는 뜻이 된다.

인사를 할 때 우리는 상대의 마음 문에 노크하게 되고, 상대방은 그 인사에 답함으로써 노크에 응하게 된다. 그런 후에야 실제적인 만남과 교류가 일어난다. 즉, 예배는 하나님의 임재나 현존을 인식한 사람에게서 가장 먼저 일어나는 반응이다.

마지막으로, 땅에 배를 대고 엎드려 절한다는 것은 그 절을 받는 이에게 자신을 완전히 내어놓음을 뜻한다. 이런 의미에서 예배는 이 세상을 다스리시는 하나님을 향한 무한한 존경과 순종의 표현이다.

이상의 의미를 종합하여 정리해 보면 다음과 같은 이해를 얻을 수 있다. 예배는 하나님의 임재나 현존을 인식하는 사람에게 가장 먼저 일어나는 반응이다. 다시 말해, 하나님이 이 세상을 창조하셨으며 죄에 빠진 사람들을 구원하여 자녀 삼으신다는 것을 자각한 사람들이 창조주이자 구원자이며 영적인 아버지가 되시는 그분께 보이는 근본적인 반응이다. 이 반응을 통해 그리스도인들은 하나님과의 사귐을 시작하게 된다. 이 때문에 그리스도인의 신앙생활의 중심에는 예배가 있다.

가까이함으로서의 예배

신약에서 예배로 번역되는 두 번째 단어는 라트류오의 명사형 라트레이아인데, 이 단어의 배경에는 제사장과 레위인들의 제사 직무가 있다. 이 제사 직무를 가리키는 구약의 동사는 이미 소개한 대로 셰레트다.

사실, 구약에서 섬김을 가리키는 동사로는 아바드(abad)와 셰레트 두 가지가 있다. 이 중 아바드는 섬김을 의미하는 일반적인 표현이며, 이 표현에서 '종'을 가리키는 명사 에베드(ebed)가 나왔다. 이와 달리 셰레트는 섬기는 이와 섬김을 받는 이 사이의 가까운 관계, 예를 들자면 왕과 그 측근인 신하나 지도자와 후계자 사이의 관계를 암시한다. 이러한 사람이 구약에서는 종종 '수종자'(mesharet)라는 단어로 표현된다. 여호수아도 모세의 "수종자"였다(출 33:11).

섬기는 이와 섬김을 받는 이 사이의 가까운 사이를 암시하는 셰레트는 제사 직무에도 적용되었다. 제사장은 "여호와께 가까이 나아가 수종드는(sheret) 자"였는데, 그들에게 있어서 하나님께 수종드는 것은 바로 제사 직무를 수행하는 것이었다(겔 40:46).

셰레트에 대응되는 신약의 단어는 라트류오다. 섬김을 뜻하는 신약의 동사로는 레이투르게오도 들 수 있는데, 이 둘의 차이는 레이투르게오가 하나님을 섬기는 경우와 사람을 섬기는 경우에 모두 사용되는 반면, 라트류오는 하나님 또는 신을 섬기는 데에만 사용된다는 것이다(눅 1:23; 히 9:12, 11:10; 롬 15:27; 고후 9:12). 그렇기 때문에 신약의 예배 개념에 맞는 단어는 라트류오이며, 바로 이것의 명사형인 라트레이아가 로마서에서 '예배'라고 번역된다. 물론 그 기본적인 의미는 '제사 직무를 통한 섬김'이다.

그런데 한 가지 문제가 있다. 그리스도인들은 예수 그리스도의 죽음에 의해 제사가 폐지된 것을 믿는데, 이제 제사는 무엇을 의미하는가? 로마서 12장 1절에 의하면, 그리스도인들의 제사는 자신의 '몸을 드리는' 것, 즉 헌신을 의미하며, 이 헌신이야말로 일상생활 속에서 행하는 예배가 된다. 그리고 실제적인 차원에서 그것은 '하나님의 뜻을 분별하여' 그 뜻을 행하는 것을 의미한다.

이상의 내용을 정리하면 다음과 같다. 제사의 핵심은 헌신이다. 헌신은 하나님께 가까이 나아가는 것으로 시작되고 그분의 뜻을 알아가는 것으로 이어진다. 이 헌신은 일상생활 속에서 하나님의 뜻을 따라 사는 것으로 이어지는데, 성경은 그러한 삶을 '하나님과의 동행'으로 표현한다(창 5:22, 24, 6:9).

동행으로서의 예배

신약에서 예배로 번역되는 또 하나의 단어는 '세보마이'다. '예배하다'나 '경배하다'로 번역되는 이 단어가 '경외하다'를 의미하는 야레의 짝이 되는 이유는 다음의 두 가지다. 첫째로 신약에서 구약을 인용할 때 구약 본문에 사용된 야레를 신약이 세보마이로 옮기는 경우가 있다. 둘째로 이러한 번역이 가능한 것은 하나님을 경외한다는 것이 하나님을 예배할 때 가지는 태도를 일상의 삶에서도 유지하는 것을 의미하기 때문이다. 다시 말해 하나님을 경외하는 삶의 중심에는 예배가 있다. 이 때문에 "나는 여호와를 경외하는 자로라"(욘 1:9)는 구절이 어떤 영어 성경에서는 "I worship the LORD"(나는 여호와를 예배한다)로 번역되기도 한다.

그런데 야레의 뜻이 흥미롭다. 이 단어가 성경에서 처음 나오는 곳이 창세기 3장 10절인데, 여기서 선악과를 따먹은 후 아담은 에덴동산에 나타나신 하나님께 "내가 벗었으므로 두려워하여 숨었나이다"라고 말한다. 어떻게 '무서워하다'와 '경외하다'가 같은 단어의 뜻이 될 수 있을까?

이 두 의미의 공통점은 영향력에 있다. 우리가 누군가를 무서워할 때 그 사람이 나타나면 괜히 움츠러들거나 피하게 된다. 그 사람의 존재부터가 우리의 마음에 부정적인 영향력을 행사하기 때문이다. 이와 비슷하게 하나님을 경외한다는 것은 하나님으로부터 오는 영향력으로 살아간다는 것이다. 하나님의 뜻과 사람의 요구가 정면으로 충돌할 경우에 하나님을 경외하는 사람은 하나님의 뜻을 선택한다. "몸은 죽여도 영혼은 능히 죽이지 못하는 자들을 두려워하지 말고 오직 몸과 영혼을 능히 지옥에 멸하실 수 있는 이를 두려워하라"(마 10:28)는 말씀의 의미도 바로 이것이다.

성경은 하나님의 영향력에 힘입어 살아가는 것을 '하나님과 동행한다'고 표현한다. 에녹이 그러한 사람이었고, 노아가 그러한 사람이었다. 하나님께 '내 마음에 맞는 사람'이라고 불린 다윗도 이 범주에 속하는 사람이었다(행 13:22). 이러한 사람을 영어권에서는 '걷는 예배자'(walking worshiper)라고 표현한다.

3장 성경에서 말하는 찬양의 의미

| '찬양'의 성서신학적 의미 탐구

시편 기자는 하나님을 "이스라엘의 찬송 중에 계시는"(시 22:3) 분이라고 일컫는다. 우리의 찬양이 하나님이 앉으시는 자리, 즉 보좌 혹은 거처가 된다는 뜻이다. 하나님은 어디에나 계시지만 그분의 임재가 뚜렷이 나타나는 곳이 바로 하나님을 찬양하는 사람들이 모인 곳이다. 그렇기 때문에 찬양은 예배 또는 경배와 불가분의 관계에 있다.

찬양에 관한 오해

찬양에 대한 오해는 예배에 대한 오해만큼이나 크고 중대하다. 이 역시 범주 오류에서 기인했는데, 다른 점이 있다면 예배가 예배모임과 혼동되는 반면, 찬양은 찬양모임이 아닌 노래와 혼동된다는 점이다.

'찬양'이라는 단어의 기본적인 의미는 '칭찬하여 높이다'인데, 사실 찬양과 칭찬은 같은 말이다. 이 두 가지 경우가 영어와 구약의 히브리어에서는 모두 한 단어로, 즉 영어에서는 'praise'로, 히브리어에서는 '힐렐'(*hillel*)로 표현된다. 우리말에서 칭찬은 동년배나 손아랫사람을 향해 사용되고, 찬양은 손윗사람 또는 (교회에서는) 하나님을 향해 사용된다는 점에서 구분될 뿐이다.

그럼에도 우리나라 교회에서 이 단어는 흔히 찬송가나 복음성가와 같은 교회의 노래를 가리킬 때 사용된다. 내용을 가리키는 말(찬양)이 형식(노래)을 가리키는 범주 오류가 일어나고 있는 것이다. 이 때문에 다음과 같은 두 가지 혼동이 생긴다.

한 가지 혼동은 노래 외에 찬양의 방법이 다양함에도 우리나라 교회에서 찬양이 교회의 노래와 동일시된다는 점이다. 사실, 가장 기본적인 찬양 방법은 그저 말로 하는 것이다. 우리가 다른 사람을 칭찬할 때 보통은 노래가 아닌 말로 "영희가 다른 사람을 얼마나 잘 도와주는데요"나 "민철이는 뭐든지 잘해"라고 말한다. 이와 같이 우리는 다른 사람에게 하나님을 증거할 때 "하나님은 어떤 상황에서든 우리를 도와주실 수 있는 분입니다"라고 하거나 하나님께 기도할 때 "주님께는 불가능한 것이 없습니다"라고 고백한다. 이렇게 말로 하는 것 외에도 다양한 방법이 있다. 글로 표현할 수도 있고, 그 글을 노래에 담아서 표현 수도 있고, 그림으로 표현할 수도 있다. 다시 말해 찬양의 방법에는 노래를 포함하여 여러 가지가 있다.

또 다른 혼동은 찬양이 교회의 노래와 동일시되다 보니 하나님을 찬양하는 내용이 아닌 노래, 예를 들어 "빈들에 마른 풀같이"나 "빛의 사자들이여"와 같은 찬송가를 포함한 많은 곡도 찬양으로 일컬어지고 있다는 점이다. 이 점이 찬양에 관련된 오해 중 가장 심각한 것이다. 왜냐하면 "빈들에 마른 풀같이"는 하나님께 성령을 달라고 간구하는 내용을 담은 노래이고, "빛의 사자들이여"는 사람들에게 복음을 전하도록 촉구하는 내용을 담은 노래인데도, 이 모두 찬양으로 일컬어지고 있기 때문에 찬양이 아닌 내용을 담은 노래를 부르고서도 찬양을 했다고, 즉 하나님을 높였다고 생각하기 때문이다.

찬양과 예배

앞 장에서 예배와 경배를 다루면서 이 둘이 같은 개념임을 밝혔다. 이번에는 찬양과 경배, 또는 찬양과 예배의 차이를 설명하고자 한다. 이 두 개념을 제대로 이해하는 데 어려움을 주는 요인이 있는데, 그것은 어떻게 해서든 이 둘을 같은 범주에 묶어 두려 하는 논리가 작용하고 있다는 점이다. 이 논리는 두 가지가 잘못되었다. 하나는 '예배에 찬양이 포함된다'는 것이고, 다른 하나는 '찬양만으로도 예배가 될 수 있다'는 것이다.

우선, '예배에 찬양이 포함된다'는 표현에 관해 살펴보자. 이 표현에는 앞 장에서 언급한 예배와 예배회의 혼동이 자리 잡고 있다. 더 정확히 말하자면 '예배회에 찬양이 포함된다'고 해야 한다. 예배는 예배이고 찬양은 찬양이지만, 예배회에는 찬양을 비롯한 기도나 설교, 헌금 등의 여러 요소가 포함되기 때문이다. 어쨌든 찬양은 본질적으로 예배 또는 경배와 구분된다. 역대하 20장이 이 점을 분명히 보여 준다.

모압과 암몬 연합군이 유다를 침공했을 때 유다의 왕 여호사밧은 백성과 함께 성전에서 하나님께 기도했고, 이 기도에 대한 응답으로 레위인 선지자 야하시엘을 통해 하나님의 구원 약속이 선포되었다. 그 약속이 선포되자 여호사밧 왕과 백성은 "엎드려 여호와께 경배"(hishtachawah)했고 레위인 성가대는 "서서 심히 큰 소리로 여호와를 찬송(hillel)"했다(대하 20:18-19).

이 본문을 통해 우리는 예배와 찬양 사이의 차이점을 두 가지 발견할 수 있다. 첫째, 예배는 예배자 자신을 낮추는 데에, 찬양은 찬양의 대상을 드러내는 데에 기초한다. 따라서 예배하는 왕과 백성이 엎드려 있는 동안 찬양하는 레위인은 서 있을 수 있었다. 둘째, 예배는 하나님의 눈을, 찬양은 하나님의 귀를 향한다. 즉, 예배는 몸과 마음가짐의 문제이고 찬양은 고백의 문제다.

그렇다면 '찬양만으로도 예배가 될 수 있다'는 표현은 어떠한가? 이 표현에는 예배와 예배회의 혼동뿐만 아니라 이 장에서 조금 전에 언급한 찬양과 노래의 혼동이 작용하고 있다. 그러나 이미 설명했듯이 찬양은 찬양이고 예배는 예배다. 그러니 이 말 자체가 제대로 된 말이 아니다. 그런데 이 표현의 의도를 살펴보면 또 다른 혼동이 엉켜 있는 것을 알 수 있다. 우선, '찬양만으로'에서의 '찬양'은 노래를 뜻하는 것이 분명하고, '예배가 될 수 있다'에서의 '예배'는 예배회를 가리키는 것이 분명하다. 말하자면, '찬양만으로도 예배가 될 수 있다'는 표현의 의도는 '노래(전통적인 찬송가 또는 현대의 찬양과 경배가)를 부르는 것만으로 예배회가 이루어질 수 있다'인 것 같다. 즉, '찬양만으로 예배가 될 수 있다'는 말에는 찬양과 노래의 혼동 및 예배와 예배회의 혼동이 자리 잡고 있는 것이다. 그런데 이러한 혼동을 고려해서 그 의도를 이해한다 해도 한 가지 문제가 더 남는다. '찬양만으로도'라는 말의 궁극적인 의도는 '설교가 없어도'인데, 예배모임(이 경우 찬양모임)에서 설교 외의 모든 순서(광고와 헌금 포함)를 다 넣으면서 설교만 빼놓는 것은 아무래도 부자연스러워 보인다는 것이다.

찬양을 가리키는 성경의 단어들

성경에서 찬양을 가리키는 단어는 많은데, 그중 구약에서 가장 자주 사용되는 동사는 힐렐(*hillel*), 호다(*hodah*), 베렉(*berek*), 짐메르(*zimmer*)다. 그리고 이 네 동사의 짝이 되는 신약의 동사는 순서대로 아이네오(*aineo*), 호몰로게오(*homologeo*), 율로게오(*eulogeo*), 프살로(*psallo*)다.

이 중 가장 대표적인 것은 '찬양하다' 또는 '찬송하다'로 번역되는 동사 힐렐과 아이네오다. 힐렐의 기본적인 뜻은 '칭찬하다'(창 12:15; 삼하 14:25) 또는 '자랑하다'(시 10:3)인데, 이 뜻에서 출발하여 하나님을 '자랑'(시 44:8) 또는 '찬양'(시 150편)하는 경우에 주로 사용된다. 신약의 아이네오는 하나님을 찬양하는 경우에 사용된다.

호다의 기본적인 뜻은 '고백하다'지만, 하나님을 찬양하는 의미로서 '감사하다'로 번역된다. 호몰로게오는 주로 '시인하다'(눅 12:8; 롬 10:9, 10) 또는 '증언하다'(히 11:13)로 번역되는데, 이 중 찬양의 의미로 사용되는 경우(히 13:15, 증언하는)가 있다. '축복하다'는 뜻에 기반을 둔 베렉은 찬양의 의미로서 '송축하다'로 번역될 경우가 있다. 이에 대한 신약의 짝은 율로게오인데, 이 동사의 수동분사형이 종종 찬양의 의미(마 21:9, 찬송하리로다)로 사용된다. 마지막으로 짐메르와 프살로는 '노래로 찬양하다'를 의미한다.

칭찬으로서의 찬양

구약의 동사 힐렐이 사람을 칭찬하는 것과 하나님을 찬양하는 것에 사용되는 것처럼, 이 동사의 명사형인 테힐라(*tehillah*) 역시 사람에 대한 '칭찬'(습 3:19)과 함께 하나님에 대한 찬양을 가리킨다. 그런데 이 명사는 때로 '찬양의 대상'을 의미하기도 하는데, 예를 들어 예레

미야가 "주는 나의 찬송"(렘 17:14)이라고 말한 것은 '주는 나의 찬송의 대상'이라는 뜻이다.

칭찬이나 찬양의 내용은 그 칭찬이나 찬양의 대상이 누구인가(성품)와 어떤 일을 했는가(행위)로 구성된다. 예를 들어 어떤 사람을 칭찬할 때 "진실하다"거나 "다른 사람을 잘 도와준다"고 말하는 것이다. 마찬가지로, 하나님을 찬양한다는 것은 하나님이 어떤 분이신지, 그리고 어떤 일을 하셨는지를 고백하는 것이다. 그렇기 때문에 누군가를 제대로 칭찬 또는 찬양하기 위해서는 그가 어떤 점에서 얼마나 훌륭한지를 제대로 알아야 한다. 간단히 말해, 누군가를 아는 만큼 칭찬 또는 찬양할 수 있다.

사람을 알기 위해서는 먼저 그가 어떻게 행동하는지를 보아야 한다. 그리고 계속 발견되는 동일한 행동을 통해 그가 어떤 사람인지를 알게 된다. 예를 들어, 그가 주위 사람들을 배려하는 행동을 자주 한다면, 그가 주위 사람을 배려하는 마음을 가진 사람인 것을 알게 된다. 이때 우리는 그를 칭찬할 때, 그의 행위에 주목하여 "민규는 다른 사람들을 친절하게 대합니다"라고 말할 수도 있고, 그 행위를 토대로 그의 사람됨을 파악하여 "민규는 친절한 사람입니다"라고 말할 수도 있다. 하나님을 찬양하는 것도 마찬가지다. 하나님을 찬양한다는 것은 하나님의 행위나 성품을 고백하여 높인다는 뜻이다.

찬양이 하나님의 행위나 성품을 고백하는 것이라면, 하나님의 행위나 성품을 아는 만큼 제대로 찬양할 수 있다. 그렇다면 하나님을 알아 가는 데 필요한 것은 무엇인가?

하나님 알기는 성경에서 시작된다. 구약에서는 하나님이 이스라엘 백성을 전쟁이나 전염병이 가져다줄 파멸로부터 구원하시는 것을, 신약에서는 하나님이 그 아들 예수 그리스도를 통해 죄가 가져다줄 영원한 파멸로부터 구원하시는 것을 알 수 있다. 그리고 이로부터 우리는 하나님이 우리의 구원자이시라는 것을 알게 된다. 그런데 이것이 다가 아니다. 우리가 하나님을 의지하면서 살아갈 때 하나님이 우리의 삶에서 어떻게 구원을 이루시는지를 삶 속에서 확인할 수 있다. 자신의 기도가 응답되는 것을 보면서, 다른 사람의 삶이 하나님의 손길에 의해 변화되는 것을 보면서, 하나님이 어떻게 행하시며 어떤 분이신지를 알게 되는 것이다. 이렇게 하나님을 아는 것에 근거한 찬양은 진실하고 정직한 것이 된다.

증언으로서의 찬양

구약의 동사 호다가 '감사하다'로 번역되는 것처럼 호다의 명사 토다(todah)도 '감사' 또는 '감사제(물)'로 번역된다. 그런데 왜 '고백하다'를 의미하는 단어가 '감사'로 번역되는 것일까?

이 점을 이해하기 위해 먼저 알아 두어야 할 것이 있다. 우선, 호다와 토다가 '감사'로 번역된다고 해서 그 뜻이 우리말의 감사와 같지는 않다는 점이다. 우리가 다른 사람의 호의를 입어 "감사합니다"라고 말할 경우, 구약의 히브리인들은 "하나님께서 복 주시기를 바랍니다"라고 말한 것이기 때문이다. 반면에 호다는 하나님을 향해서만 사용되었으며, 그 기본 의미는 하나님을 고백하여 높인다는 뜻이다.

호다와 토다의 의미를 이해하기 위해 알아 두어야 할 것이 한 가지 더 있다. 이 단어들이 종종 고난의 맥락에 등장한다는 점이다. 위에서 인용한 역대하 20장이 그 좋은 예가 된다. 이미 설명했듯이 선지자를 통해 구원의 약속이 담긴 메시지를 들은 왕과 백성은 하나님을 '경배'(hishtachawah)하고 레위인들은 '찬양'(hillel)했다. 다음날 군대가 전쟁터로 출전할 때 군대에 앞서서 성가대가 노래했는데, 그 노래의 내용이 "여호와께 감사하세(hodah) 그의 인자하심이 영원하도다"였다. 그리고 이것이 그날 승리의 서곡이 되었다. 시편 50편에서는 명사 토다가 다음과 같이 고난의 맥락에 등장한다.

> 감사(todah)로 하나님께 제사를 드리며 지존하신 이에게 네 서원을 갚으며 환난 날에 나를 부르라 내가 너를 건지리니 네가 나를 영화롭게 하리로다(14-15절).

우리가 어떠한 상황에서든 주님이 "선하시며 그 인자하심이 영원"(시 106:1, 107:1, 118:1)하신 분임을 기억하면서 그러한 주님의 성품을 고백하며 높일 때, 그 고백은 두 가지 결과를 낳는다.

첫째, 그것이 하나님을 향한 찬양이기 때문에 하나님의 임재와 능력을 드러내어 그분의 통치가 임하게 한다. 요컨대, 찬양이 있는 곳에 하나님의 구원이 일어난다. 둘째, 그 고백을 듣는 사람들에게는 그것이 하나님이 어떤 분이신지에 대한 증언이 된다. 다시 말해, 주님을 찬양하는 것과 주님을 '증언하는'(*homologeo*, 히 13:15) 것은 불가분의 관계에 있다. 바울과 실라가 감옥에 갇혀 찬송했을 때 사람들을 묶고 있던 족쇄가 풀어지고 감옥의 문이 열린 것은 단지 찬양에 대한 응답으로써 하나님의 능력이 드러난 것으로 끝날 일이 아니었다. 감옥에 있는 모든 사람에게 그것은 하나님의 실존에 대한 증거였으며, 특히 간수장과 그의 가족들에게는 구원을 알리는 나팔소리와도 같은 것이었다.

감사로서의 찬양

구약의 베렉은 이해하기가 매우 어려운 단어 중의 하나다. 우선 이 단어는 한글성경에서 (행위의 주체와 대상에 따라) 세 가지로 번역된다. 사람이 하나님께 할 때에는 '송축하다'나 '찬송하다'로, 하나님이 사람에게 할 때에는 '복 주시다'로, 사람이 사람에게 할 때에는 '축복하다'로 번역되는 것이다. 위에서 언급한 감사의 표현(하나님께서 복 주시기를 바랍니다)에 사용된 동사가 바로 이 단어다. 이 단어의 명사형은 베라카(*berakah*)다. 그리고 베렉에 대한 신약의 짝인 율로게오의 명사형인 율로기아(*eulogia*)는 '복'(엡 1:3) 또는 '찬송'(계 5:13)으로, 형용사형 율로게토스(*eulogetos*)는 '찬송할'(롬 1:25; 고후 11:31), '찬양을 받으실'(롬 9:5) 등으로 번역된다.

베렉의 의미를 이해할 때 겪는 어려움은 한 단어가 위의 세 경우에 모두 사용된다는 점이다. 물론 하나님이 사람에게 복을 주시는 경우와 사람이 사람에게 축복하는 경우는 연속성이 있다고 이해할 수 있다. 그러나 하나님이 사람에게 복을 주시는 경우와 사람이 하나님을 송축하는 경우의 공통점을 찾기란 그리 쉬워 보이지 않는다.

우리나라의 문화와 언어에서 출발하여 이 용례를 완전히 이해하기는 어려울 것 같다. 그러나 한 가지 가능성은 있다. 우리나라의 고유 풍습에는 명절에 가족과 친지들이 모일 때 서로 축복의 말을 주고받는데, 이것을 '덕담'이라고 한다. 예를 들어, 자녀가 부모에게 큰절을 하면 부모는 "올해 가정에 아무 탈도 없고, 하는 일도 잘되기를 바란다"는 말로 덕담을 하고, 덕담을 받은 자녀들도 "건강하세요", "오래오래 사세요" 등의 덕담을 올렸다. 베렉은 이러한 덕담과 닮은 데가 있다.

베렉은 하나님이 주신 복에 대한 감사로서의 찬양이다. 다시 말해, '감사'로 번역되는 호다가 고난 속에서 하나님이 어떤 분이신지를 고백하여 찬양하는 것이라면, '송축'이나 '찬송'으로 번역되는 베렉은 그 고난 속에서 구원의 은혜를 베푸신 하나님께 감사하여 찬양하는 것이다. 이 용례를 잘 보여 주는 구약의 본문이 (또다시!) 역대상 20장이다.

하나님의 선함과 영원한 사랑을 고백하여 찬양한 사람들은 놀라운 광경을 목격했다. 갑자기 적군에 내분이 일어나 서로 싸우더니, 마침내 자멸하게 된 것이다(22절). 그래서 그날 그들이 한 일은 전리품을 거두는 것이었다. 그런데 그것이 너무 많아 사흘 내내 거두어야 했다. 다음 날 그들은 한 골짜기에 모여 하나님을 "송축"하고, 그 골짜기의 이름을 "브라가(berakah) 골짜기"라 불렀다(26절). '송축 골짜기'라 부른 것이다.

찬양의 노래

찬양과 노래의 관계에 대해 균형적으로 이해하려면 다음 두 가지를 알아 둘 필요가 있다. 우선, 앞서 밝혔듯이 노래는 찬양의 여러 방법 중 하나다. 찬양은 말, 글, 노래, 그림, 무용 등 여러 방법으로 표현될 수 있다.

또한 노래에 실리는 것이 찬양인 것만은 아니다. 노래는 사람의 생각과 정서를 탁월하게 표현하는 방법이다. 긴말로 표현해야 할 내용뿐만 아니라 말로 표현하기 어려운 미묘한 것도 비교적 짧은 시간 안에 쉽게 전달할 수 있게 하는 도구다. 그뿐 아니라 사람의 의지를 쉽게 흔들기도 하고 세우기도 한다. 그래서 우리의 삶에는 찬가와 애가, 노동가, 군가가 끊임없이 들린다. 기독교 음악에서 가장 중요한 텍스트가 되는 시편도 그 내용상 크게 세 가지, 즉 지혜시와 탄식시와 찬양시로 나뉜다. 다시 말해 시편이 하나님을 찬양하는 내용만으로 구성된 것은 아니라는 말이다. 시편은 잠언을 연상시키는 지혜시(1편)로 시작해서, 고통 속에서 하나님의 도움을 구하는 탄식시(54-59편)를 거쳐 온 세상을 다스리시고 그 백성을 구원하시는 하나님께 드리는 찬양시(145-150편)로 끝난다.

이상의 구분을 염두에 두고 찬양과 노래의 관계를 살펴보자. 그리스도인들에게 있어서 노래는 중요한 의미를 가진다. 하나님을 찬양할 때 가장 자주 택하는 방법이 노래이기 때문이다. 그래서 성경에는 찬양을 가리키는 단어(힐렐, 호다, 베렉 등)와 노래를 가리키는 단어(구약의 *shir*, 신약의 *ado*)가 있으면서, 따로 노래로 찬양하는 것을 가리키는 짐메르와 프살로도 있다. 짐메르와 프살로의 명사형인 미즈모르(*mizmor*)와 프살모스(*psalmos*)가 '시'(시 3:1; 엡 5:19)로 번역되는 경우가 있는데, 이 경우 '시'는 일반적인 시가 아니라 시편을 가리킨다. 이런 의미에서도 시편은 원래 노래로 불리도록 의도된 글이라고 짐작할 수 있다.

역대기 20장에는 흥미롭게도 위에서 설명한 힐렐, 호다, 베렉이 순차적으로 등장하는데, 아쉽게도 짐메르는 보이지 않는다. 그렇지만 짐메르를 연상시키는 장면은 나온다. 브라가 골짜기에서 하나님을 송축한 다음 여러 악기를 연주하면서 예루살렘의 성전으로 나아간 것이다(28절).

하나님을 찬양할 때 가장 아름답게, 가장 기쁘고 즐겁게 찬양할 수 있게 하는 것이 우리 마음에서 넘쳐나는 노래에 실어 찬양하는 것이다. 그리고 마음으로부터 하나님을 찬양하는 노래가 넘쳐나는 것은 그 마음에 성령이 임했다는 뜻이기도 하다. 그래서 바울은 에베소의 그리스도인들에게 성령충만을 받을 것을 권고하면서 "시(*psalmos*)와 찬미와 신령한 노래들로 서로 화답하며 너희의 마음으로 주께 노래하며 찬송하며(*psallo*)"라고 했다(엡 5:18-19).

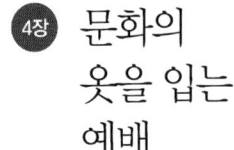

4장 문화의 옷을 입는 예배

| 우리 예배에 녹아들어 있는
문화적 요소에 대한 성찰과 분별

예배는 근본적으로 영적인 사건이다. 예배는 하나님과의 관계의 문제이기 때문이다. 그러나 예배는 문화적 사건이기도 하다. 왜냐하면 하나님의 임재에 대한 반응이 예배자들이 공유하는 문화 코드에 근거해서 표현되기 때문이다. 성경을 살펴보면 이 점을 쉽게 찾을 수 있다. 예배가 시대와 상황에 따라 다양한 문화적 형태로 이루어졌기 때문이다.

그렇기 때문에 이 장에서는 성서시대에 예배의 문화적 형태가 어떻게 변화했는지를 살펴보고, 이것을 배경으로 오늘날 우리나라 교회에 다양한 문화가 합류하는 상황에서 우리의 예배 형식에 어떤 변화가 필요한지를 생각해 보고자 한다.

문화명령

하나님은 사람을 창조하신 후 그들에게 "생육하고 번성하여 땅에 충만하라, 땅을 정복하라, 바다의 물고기와 하늘의 새와 땅에 움직이는 모든 생물을 다스리라"(창 1:28)고 하셨다. 문화명령(the Cultural Mandate)이라 불리는 이것은 신약의 대사명 또는 대위임명령(the Great Commission)의 짝이 된다. 그런데 왜 구약의 그것이 문화명령이라 일컬어질까?

문화는 근본적으로 자연과 대조되는 개념이다. 예를 들어, 시냇가의 돌은 자연이지만 어항 속의 돌은 문화이며, 헤어(머리카락)는 자연이지만 헤어스타일은 문화다. 말하자면, 자연은 사람에게 주어진 조건이고 문화는 위치의 이동, 모양의 변형, 성분의 변화 등을 통해 그 조건을 활용한 것이다.

또한 문화는 집단적인 것이다. 어떤 나라의 사람들이 모두 머리를 적당히 기르고 있는데 오직 한 사람이 한쪽은 완전히 밀어 대머리를 하고 다른 한쪽은 아주 길게 기른다면, 사람들은 그의 헤어스타일을 독특하거나 기이한 개인적 취향으로 여길 것이다. 그러나 그 나라의 모든 국민이 이러한 헤어스타일을 하고 다닌다면, 그것은 그 나라의 문화가 된다. 한마디로 문화는 집단적인 생활방식의 문제다.

그러므로 문화라는 개념은 자연을 재료 삼아 무엇인가를 만드는 것에서부터 그렇게 만든 것을 사용하면서 살아가는 사람들의 생활방식에 이르기까지 폭넓은 의미를 가진다. 예를 들어, '교통문화가 좋아졌다'는 표현을 생각해 보자. 이 표현에는 '차선, 신호 등의 교통체계가 개선되었다', '운전자나 보행자의 질서 의식이 높아졌다' 등의 의미가 포함되어 있다. 말하자면 교통질서를 위한 도구나 매체, 그것을 이용하는 사람들의 행동방식 등이 모두 교통문화에 포함된다.

문화에 대한 이상의 이해를 염두에 두고 문화명령의 의미를 다시 생각해 보자. 성경의 문화명령을 제대로 이해하려면 창세기 1장과 2장을 함께 보아야 한다. 이 두 장이 문화명령에 대해 말하고자 하는 바를 요약하면, 하나님이 세상을 창조하신 다음 "하나님의 형상"을 가진 사람에게 그것을 위임하여 "경작하여 지키게" 하셨다는 것이다(1:26, 2:15). 피조물인 자연을 창조주의 뜻에 맞게 개발하며 보존하게 하신 것이다.

문화명령을 이룰 예배 공동체

문화 활동의 결정적인 요인은 하나님 및 이웃과의 바른 관계다. 하나님과의 바른 관계를 통해 사람과 자연을 향한 하나님의 계획을 제대로 깨달을 수 있게 되고, 이웃과의 바른 관계를 통해 건강한 공동체를 이루어 함께 그 계획을 구체적인 삶의 현장에서 구현할 수 있게 되기 때문이다. 그러나 창세기 3장이 보여 주듯이 사람과 하나님과의 관계가 깨어지고 이어 다른 사람과의 관계도 깨어지자, 그 결과 사람은 제대로 된 문화 활동을 할 수 없게 되었다. 그래서 그 결과물은 좋은 열매가 아니라 "가시덤불과 엉겅퀴" 같은 것이 되었다(18절). 바로 이러한 상황을 배경으로 하는 신약의 '대위임명령'은 예수 그리스도를 믿음으로 하나님과의 관계가 회복된 사람들이 건강한 공동체를 이루어 다시 그 문화명령을 수행해 가야 할 것을 말한다. 이것의 본격적인 시작이 사도행전 2장에 기록된, 성령강림으로 말미암은 교회의 설립이다.

그런데 문화명령 수행을 위한 공동체의 회복은 구약시대 때부터 있었는데, 그 첫 출발을 기록한 것이 출애굽기다. 이 책의 구조를 간단히 요약하면, 전반부는 이스라엘 민족이 이집트를 탈출하는 과정으로, 그리고 후반부는 성막 건축으로 이루어져 있고, 이 두 부분 사이에 이스라엘 사람들이 시내 산에서 하나님과 언약을 맺은 다음 모세가 십계명을 받는 장면이 나온다.

십계명은 하나님의 백성이 따라야 할 삶의 원칙 같은 것이다. 이는 하나님 사랑과 이웃 사랑으로 요약된다(마 22:37-40; 막 12:30-31; 눅 10:27). 하나님의 백성으로 살아갈 때 그 기초가 되는 것이 하나님 및 이웃과의 바른 관계라는 뜻이다. 그렇기 때문에 문화명령 수행의 시작은 하나님을 사랑하는 사람들이 서로 사랑함으로써 한 몸을 이루는 것이다. 그리고 이 몸을 건강하게 유지하는 데에 가장 중요한 요인이 공동체적 예배, 즉 하나님을 믿는 사람들이 한자리에 모여 함께 예배하는 것이다. 이스라엘 백성이 하나님과의 언약식을 거치면서 율법을 받은 뒤 바로 공동체적 예배의 자리인 성막을 만들기 시작한 것도 바로 이 때문이다.

문화적으로 표현되는 예배

앞서 언급했지만, 영적 경험은 문화적으로 표현된다. 개인적인 경험이든 공동체적인 경험이든 그것을 공동체 속에서 나누어 함께 이해할 대상으로 삼을 때에 그것은 문화적으로 표현될 수밖에 없다. 그렇기 때문에 기독교인의 사고체계의 중심에 있는 상징체계나 기독교인의 생활의 중심에 있는 예배는 문화와 분리해서 생각할 수가 없다.

우선, 기독교 상징체계의 중심에 놓인 십자가에 관해 생각해 보자. 이것은 원래 고대의 형벌 문화의 산물이지만 그 위에서 예수 그리스도가 죽임을 당했기 때문에 기독교의 상징이 되었다. 말하자면 십자가가 가지는 영적 의미는 그것이 형틀로서 가지는 문화적 의미에 기초해 있다.

하나님을 예배하는 것 역시 문화적 차원을 가진다. 예를 들어, 예배의 자리로서 장막(성막)이나 집(성전)을 세운 것, 그 안에 한 구역에 탁자를 놓고 그 위에 떡 열두 개를 두 줄로 쌓은 것, 일곱 개의 등잔이 달린 등대를 두어서 불을 켠 것 등도 문화적 의미에 기초한 상징이며, 성막이나 성전에서 제사를 드리는 방식, 악기를 연주하며 노래하는 방식 등도 당시의 문화와 분리해서 이해할 수 없다.

문제는 그러한 상징의 형태나 예배의 형태가 시간의 흐름이나 문화의 변이에 따라 달라질 수 있다는 것이다. 다시 말해, 변하지 않는 진리를 담은 상징의 형태나 변하지 않는 신앙에 근거한 예배의 형태가 달라질 수 있다. 예를 들어, 십자가도 지역에 따라 그리스 십자가, 라틴 십자가, 켈트 십자가 등 여러 형태가 있고, 예배의 형식도 시대가 변하면서 계속 바뀌었다.

예배 형식의 변천은 성경에서도 보인다. 족장 시절에 예배의 자리는 개방된 공간에 돌로 쌓은 단이었고, 예배의 형식은 이 단 위에 제물을 올려 태우는 것이었다. 한 민족을 이룬 이스라엘 사람들이 이집트에서 팔레스타인으로 이동할 때에는 기둥과 천으로 구분된 구역에 단과 장막을 세워 예배처로 삼았다. 다윗 왕조가 세워진 다음에도 변화는 계속되어, 고정식 건물이 예배처가 되면서 그 안에 음악이라는 새로운 요소가 도입되었다. 이 과정을 자세히 살펴보면 다음과 같다.

변하는 예배 문화

구약에서 하나님과의 만남의 자리로써 맨 처음 등장하는 것은 제단이다. 홍수가 끝난 뒤 노아는 "제단을 쌓고" 그 위에 번제를 드렸다

(창 8:20). 아브라함 역시 하나님께 부르심을 받아 가는 곳마다 "제단을 쌓았다"(창 12:7, 8). 제단을 가리키는 히브리어 미즈베아흐(mizbeach)는 '희생제사를 드리다'라는 뜻의 동사 자바흐(zabach)에서 파생된 명사로, 그 자체에 '희생제사를 드리는 곳'이라는 뜻이 있다. 따라서 이 단어가 등장할 때 제사에 대한 언급이 함께 나오지 않아도 제사를 암시하고 있다는 점을 기억해야 한다.

제사는 죄로 말미암아 깨어진 하나님과의 관계를 회복하기 위한 것이며, 그 회복의 자리가 제단이다. 제사에 필요한 제단과 제물에 대한 규정은 율법에 기록되어 있다. 제단은 흙이나(출 20:24) 쇠 연장으로 다듬지 않은 돌로(출 20:25; 신 27:6) 쌓도록 했고, 여호수아도 '모세의 율법책에 기록된 대로 쇠 연장으로 다듬지 아니한 새 돌로' 제단을 만들었다(수 8:30-31). 제사 또한 그 종류(번제, 소제, 속죄제, 속건제, 화목제 등)와 절차가 율법에 명시되었다(레 1-7장).

두 번째 하나님과의 만남의 자리는 회막(ohel meod, 만남의 천막)이다(출 33:7). 이는 이스라엘 민족이 이집트에서 나와 가나안 땅을 향해 갈 때 모세가 마련한 것이었는데, 제사의 자리가 아니라 단지 하나님의 말씀을 듣기 위한 곳으로써 이스라엘 사람들의 '진'(임시 거주지) 바깥에 세워졌다(출 33:11). 구조상으로 보면 보통 천막과 다를 바 없는 이 회막의 한 가지 특이한 점은 하나님의 임재를 뜻하는 구름기둥이 그 입구에 내려서고는 했다는 것이다. 모세가 회막으로 들어가면 이스라엘 백성은 각각 자기 천막 입구에 서서 '예배'했다(출

33:10). 회막에 대한 율법의 규정이나 하나님의 직접적인 계시에 대한 기록은 없다.

세 번째 만남의 자리는 '하나님의 거처'를 뜻하는 성막(mishkan, 거처)이다. 이것은 모세 시대에 세워졌기 때문에 보통 '모세의 성막'이라고 불린다. 이것의 구조는 율법에 명시되어 있는데, 기본적으로는 제사를 위한 제단과 하나님과의 만남을 위한 회막의 결합으로 되어 있다(출 25-31장).

성막의 구조를 더 자세히 살펴보면 다음과 같다. 우선, 성막의 구역 전체는 여러 기둥 사이에 천을 쳐서 만든 벽으로 둘러싸여 있고 그 입구는 동쪽으로 나 있다. 이 문으로 들어가면 바로 번제단이 보이고 그 너머에 회막이 있는데, 회막 앞에는 물두멍이 있어서 제사장들이 회막 안으로 들어가기 전에 그 안에 있는 물로 손과 발을 씻는다. 회막 입구는 휘장이 처져 있고 그 안에는 또 다른 휘장이 처져 있는데, 둘째 휘장 앞 구역은 성소, 그 뒤는 지성소다. 성소로 들어가면 오른쪽에는 진설병상이라 불리는 탁자 위에 떡 여섯 개를 쌓은 더미가 둘 놓여 있고, 왼쪽에는 끝이 일곱으로 갈라지는 황금 등대가 있다. 휘장 바로 앞에는 대제사장이 향로에 향을 피우게 되어 있다. 휘장 뒤의 구역인 지성소에는 법궤가 놓여 있는데, 황금으로 된 그 뚜껑은 '시은좌' 또는 '은혜의 보좌'라고 불린다. 그 위에는 황금으로 된 그룹 둘이 날개를 펴고서 아래, 즉 시은좌를 바라보고 서 있는데, 한 해에 하루, 대속죄일에 대제사장이 자신과 백성의 속죄를 위해 제물의 피를 들고 지성소에 들어가서 그 피를 바로 그 시은좌에 뿌린다. 법궤는 하나님의 "발등상"(시 99:5, 132:7)이라고도 일컬어졌다. 발등상이란 자리에 앉은 사람이 발을 두는 등받이 없는 낮은 의자 같은 것을 말하는데, 법궤가 하나님의 발등상이라는 것은 하늘에 계신 하나님이 지상에 발을 디딘 곳이 바로 성막 지성소의 법궤라는 뜻이다.

네 번째 만남의 자리는 다윗이 법궤를 두기 위해 세운 장막(ohel)이다. 엘리 제사장 시절 블레셋과의 전쟁 중에 빼앗긴 법궤를 다윗이 다시 찾았을 때, 다윗은 법궤를 원래 자리인 성막의 지성소로 돌리지 않고 예루살렘에 한 곳을 정해서 천막을 치고 그 안에 두었다. 모세가 만든 회막처럼 이것에 관한 율법이나 하나님의 계시는 보이지 않는다. 오늘날 이것은 보통 '다윗의 장막'이라 불린다.

그런데 이 장막은 다음과 같은 면에서 회막과 달랐다. 모세가 세운 회막의 입구에는 구름기둥이 선 반면, 다윗이 세운 장막에는 그러한 현상이 나타나지 않았다. 회막에는 아무것도 없었지만, 다윗의 장막 안에는 법궤가 놓여 있었다. 또 다른 차이점으로는, 성막 안의 회막에는 지성소와 성소의 구분이 있고, 성소에는 진설병, 등대 및 향단이 있었지만, 다윗의 장막에는 그러한 구분과 도구들이 없었다는 것이다. 이 장막에는 법궤만 있었는데, 그렇다면 그것은 그 자체로 지성소가 되는 것일까? 이 점을 생각하면 다음 차이는 더 놀라워 보인다. 성막의 지성소에는 한 해에 단 하루 대제사장만이 들어갈 수 있었던 반면 다윗의 장막에는 일반 제사장들과 레위인들까지 늘 법궤 앞에 설

수 있었다. 마지막으로 들 수 있는 차이점은 이전의 어느 단계에서도 없었던 것인데, 그것은 음악을 수반한 찬양과 경배다.

구약의 마지막 만남의 자리는 다윗이 계획하고 준비한 뒤 솔로몬이 세운 성전(*bayit*, 집)이다. 성막이 천막을 포함한 이동식 거처라면, 성전은 땅에 고정된 집, 즉 약속의 땅에 정착한 사람들을 위한 고정된 예배 자리다. 이 점을 제외하면 성전의 구조는 기본적으로 모세의 성막과 같다. 그런데 그 안에서 예배 음악이 울려 퍼졌다는 점에서 다윗의 장막과 닮아 있다. 솔로몬 성전은 제사와 (하나님과의) 대면을 위한 모세의 성막의 구조에 다윗의 장막에서 연주된 찬양의 음악을 결합한 것이라고 할 수 있다.

이상의 과정을 요약하면 다음과 같다. 가장 먼저 등장하는 제단은 제사를 위한 것이며, 다음에 보이는 회막은 하나님과의 대면을 위한 것이다. 이 둘이 결합하여 성막이 된다. 그 후에는 다윗이 세운 장막이 등장하는데, 그 안에 예배 음악이 있었다. 마지막으로 솔로몬에 의해 건축된 성전은 모세가 세운 성막(제사)과 다윗이 세운 장막(예배 음악)을 결합한 것이다.

예배와 제사

창세기 22장에는 제사와 예배의 관계에 대해 흥미를 끄는 구절이 있다. 그것은 아브라함이 산 위에 올라가 이삭을 제물로 바치기 위해 하인들을 아래에서 기다리게 하면서 "저기 가서 예배하고 우리가 너희에게로 돌아오리라"(창 22:5)고 말한 것이다. 이 문장만 보면 예배라는 단어가 제사를 가리킨다고 생각하기가 쉽지만, 구약에서 이 단어가 의미하는 바는 제사와 분명히 구분된다.

구약에서 예배로 번역되는 히브리어 단어는 앞서 언급했듯이 '엎드려 절하다'라는 기본적인 뜻을 지닌 히시타하와다. 그런데 이 단어가 하나님께 대해 사용될 때에는 '하나님께 엎드려 절한다'는 뜻에서 '예배하다'로 번역된다. 이 경우 반드시 땅에 엎드려 절하기보다는 마음을 낮추어 하나님을 높여드린다는 뜻을 가지게 된다. 그렇기 때문에 모세가 회막에 들어갈 때 백성은 자기 천막 입구에 "서서 예배"할 수 있었다(출 33:10). 그런데 이 표현은 다음과 같은 두 가지 의미를 가진다. 우선, 이 표현에서 예배는 제사를 가리키지 않는다. 예배가 회막 밖에서, 그것도 백성 각자가 사는 천막 입구에서 일어났기 때문이다. 또한 예배는 백성이 직접 하는 행위였다. 말하자면 회막 안에서 모세가 한 일은 하나님과의 대화였고, 그 사이에 회막 밖에서 백성이 한 일은 예배였다.

성막 안에서의 제사의식도 예배와는 구별되었다. 구약에서 예배가 성막과 연결된 것으로는 사무엘의 아버지 엘가나가 실로에 있는 성막에서 "여호와께 예배하며 제사를 드렸다"는 기록이 있다(삼상 1:3). 그런데 이것은 오히려 예배와 제사의 분리를 암시한다. 왜냐하면 제물을 가지고 온 사람이 하나님께 예배하며 제사를 드린다는 표현이 실제로 의미하는 것은 제사가 아니기 때문이다. 그가 가지고 온 제물을 가지고 제사직무를 수행하는 사람은 제사장이므로, 제사장이 제사를 드리는 동안 제물을 가지고 온 사람이 실제로 하는 일은 성막 밖에서 하나님을 예배하는 것이었다. 다시 말해서 제사는 성막 안의 일이고, 예배는 성막 밖의 일이었다.

이 점은 찬양도 마찬가지다. 구약에서 찬양이 성막의 제사와 함께 등장하는 구절은 레위기 19장 24절("넷째 해에는 그 모든 과실이 거룩하니 여호와께 드려 찬송할 것")인데, 이 경우도 앞서 언급한 제사와 예배의 관계와 마찬가지로 실제로 제사직무를 수행하는 사람은 제사장이고, 제물을 가지고 온 사람이 하는 일은 찬송이다. 요컨대 제사는 성막 안의 일, 찬양은 성막 밖의 일이었다.

그런데 다윗은 법궤를 위한 장막을 설치하고서 법궤 앞에 레위 사람을 세워 음악으로 하나님을 찬양하게 했다. 이것이 가지는 의미는 크다. 우선 회막이나 성막에는 한 사람, 즉 모세나 대제사장만이 구름 기둥 또는 법궤로 상징되는 하나님의 임재 앞에 설 수 있었지만, 다윗의 장막에는 일반 레위인들까지도 그 앞에 설 수 있었다. 그리고 회막과 성막의 단계에서는 예배와 찬양이 바깥에 있었는데, 다윗의 장막에서는 그것이 안으로 들어왔다. 이것은 나중에 성전이 건축되었을 때 그 안에서 제사와 예배가 한자리에 모이는 데에 중요한 역할을 했다.

이상의 과정을 요약하면 다음과 같다. 제사와 예배와 찬양은 서로 구별되는 개념이다. 아브라함 시대에는 이 모두가 한자리에서 이루어졌다. 그러나 모세를 통해 성막이 건축되고 제사장 제도가 생긴 다음에는 성막 안에서는 제사장을 통해 제사가, 성막 밖에서는 일반 백성을 통해 예배와 찬양이 시행되었다. 그 후 다윗에 의해 새로운 장막이 세워지면서 모세의 성막에서는 제사가, 다윗의 장막에서는 음악을 수반한 예배와 찬양이 진행되다가, 솔로몬에 의해 성전이 세워진 후에는 이 모두 다시 한자리에 모이게 되었다.

다윗의 장막의 중요성과 오해

1990년대는 한국교회에 모세의 성막에 대한 가르침이 성행하던 때라고 생각한다. 이 가르침의 핵심은 성막의 구조를 들여다보면서 성막의 요소들, 즉 번제단, 물두멍, 성소 안의 진설병, 등대, 향단, 그리고 지성소의 법궤 등의 의미를 알레고리적 해석으로 찾는 것이었다. 예를 들어, 번제단은 예수 그리스도의 죽음을, 등대와 진설병상과 향단은 각각 빛, 생명의 떡, 중보자이신 그리스도를 의미하는 것으로 가르친 것이다. 이러한 가르침은 예배사역자들뿐만 아니라 목회자들의 주도로 진행되었다.

그런데 2000년대에 들어서면서 예배사역자들 사이에 다윗의 장막에 대한 집중적인 관심이 일어나기 시작했다. 위에서 언급했지만, 다윗의 장막은 모세의 성막과 아주 달랐다.

첫째로, 대제사장이 일 년에 단 하루, 대속죄일에 자신과 백성의 죄를 속하기 위해 제물의 피를 들고 지성소에 들어가 법궤 앞에 설 수 있었던 모세의 성막과 달리, 다윗의 장막에서는 성소와 지성소의 구분이 아예 없었으며 일반 레위인들까지도 법궤 앞에 항상 설 수 있었다. 둘째로, 제사가 있고 찬양과 경배가 없었던 모세의 성막과 달리, 다윗의 장막에는 법궤가 안치된 날을 제외하고는 제사가 없었고, 대신 찬양과 경배만 있었다. 이 둘에 대한 가르침의 초점도 달랐다. 모세의 성막에 대한 가르침이 예배 자체보다는 예수 그리스도의 정체성에 집중된 반면, 다윗의 장막에 대한 가르침은 예배 자체에 대한 강조로 이어졌는데, 이 과정에서 '24시간 예배'와 같은 개념도 함께 부각되기 시작했다.

2000년대에 일어난 다윗의 장막에 대한 관심이 예배에 기여한 부분은 다음과 같다. 첫째, 다윗의 장막에서 제사장과 레위인들이 항상 법궤 앞에 설 수 있었다는 점은 예배가 단지 어떤 순서를 거쳐 감으로 이루어지는 것이라기보다 하나님의 임재 앞에 서는 문제라는 점을 일깨워 주었다. 둘째, 음악적인 요소를 강조하는 다윗의 장막은, 교회가 설교를 중심으로 하는 전통적인 형식과 음악적 요소를 강조하는 새로운 형식이 결합된 통합예배 형식을 받아들이는 데에 힘이 되었다.

그런데 다윗의 장막에 대한 지나친 강조는 바람직하지 않은 결과를 낳기도 했다. 그 대표적인 예가 다윗의 장막에서 24시간 하나님을 찬양하고 예배했듯이 오늘날도 그러한 예배가 일어날 것이라고 주장하는 사람들이 생긴 것이다. 이 주장의 논지는 아래와 같다.

- 첫째, 사도행전 15장 16절에는 "다윗의 무너진 장막을 다시 일으키리라"는 약속이 있다.
- 둘째, 여기서 언급된 '다윗의 장막'은 역대상 16장 1절에 나오는 '장막', 즉 다윗이 법궤를 두기 위해 예루살렘에 세운 장막을 가리키는 것이다.
- 셋째, 이 장막에서는 제사장과 레위인들이 법궤 앞에 '항상' 서서 음악과 함께 하나님을 찬양하고 예배했다(대상 16:37).
- 넷째, 그렇기 때문에 다윗 시대처럼 지금도 하나님 앞에서 24시간 찬양하고 예배하는 일이 다시 일어날 것이다.

성서적인 것처럼 보이는 이 주장에는 한 가지 중대한 오류가 있다. 이 논지 중 두 번째 사항에서 사도행전 15장 16절의 '다윗의 장막'과 역대상 16장 1절의 '장막'을 동일시하고 있는데, 이것은 일차어와 이차어를 혼동한 결과다. 말하자면 일차어로서의 다윗의 장막(행 15:16)과 이차어로서의 다윗의 장막(오늘날 우리가 '다윗의 장막'이라고 말하는 것)이 다르다는 사실을 몰랐던 것이다.

다윗이 법궤를 두기 위해 세운 장막은 성경에서 그저 '장막'으로 일컬어진다(대상 16:1). 이 장막을 다윗이 세웠기 때문에 오늘날 우리가 그것을 '다윗의 장막'이라 부를 뿐이다. 모세가 제사를 위해 세운 성막과 솔로몬이 세운 성전을 오늘날 각각 '모세의 성막'과 '솔로몬 성전'으로 일컫듯이 말이다. 따라서 이 경우에 '다윗의 장막'은 일차어가 아니라 이차어다. 반면 일차어로서의 '다윗의 장막'은 예배의 장소를 가리키는 표현이 아니라 다윗 집안을 의미하는 표현이다(사 16:5; 암 9:11; 행 15:16). 사도행전 15장 16절에 인용된 아모스서 9장 11절이 바로 그 경우다.

우선 아모스 9장 전체의 맥락을 살펴보면, 그 첫 구절에서 "내가 보니 주께서 제단 곁에 서서 이르시되"라는 표현을 보게 된다. 이것으로 보아 아모스 9장의 배경은 제단이 없는 다윗의 장막이 아니라 오히려 제단이 있는 솔로몬 성전임을 알 수 있다. 그리고 1절부터 시작해서 10절까지를 읽어 보면, 그 내용이 예배가 아니라 심판에 관한 것이라는 점을 알게 된다. 다음 아모스 9장 11-12절의 내용은 심판 이후의 회복에 관한 것이다. 그리고 이 부분에 등장하는 '다윗의 장막'은 다윗 가문을 가리키며, 궁극적으로는 다윗 왕조로 상징되는 메시아 왕국을 가리킨다. 그렇다면 본문의 메시지는 메시아 왕국이 회복될 때에 이방인들이 그 왕국에 포함되리라는 것이다.

사도행전 15장의 문맥도 예배와는 아무런 상관이 없다. 이 장에는 각 지역 교회의 대표가 모인 기독교의 첫 공의회가 이방인들이 유대인의 율법을 지키지 않아도 교회의 일원이 될 수 있다는 결정을 내리기까지 이루어진 논의의 과정과 결정의 내용이 기술되어 있다. 그런데 이 논의의 과정에서 베드로의 발언 및 바울과 바나바의 발언 후에 야고보가 이방인을 조건 없이 교회에 받아들이자는 취지에서 아모스 9장 11-12절을 인용했다. 이는 다윗 왕조로 상징되는 메시아 왕국의 회복과 그 왕국에 이방인이 포함될 것을 예언한 아모스의 예언을 인용함으로써, 메시아이신 예수 그리스도에 의해 세워진 기독교회에 비유대인들이 아무런 조건 없이 들어올 수 있다는 것을 구약을 통해 보여 주고자 함이었다.

그뿐 아니라 구약의 예언서 가운데 종말에 대한 예언에서 보이는 예배의 자리는 단연코 다윗의 장막이 아니라 성전이다. 예를 들어, 에스겔은 마지막 때에 다시 세워질 성전을 중심으로 비유대인을 포함한 하나님 백성의 거주지가 정해질 것을 보았고, 미가는 이방인들이 성전으로 몰려드는 것을 보았다(겔 47장; 미 4:2).

신약에서도 다윗의 장막을 예배의 자리로 언급하는 구절은 없다. 히브리서는 오히려 구약의 성전에 주목하여, 그곳에서 드린 제사를 예수 그리스도와 연결시켜 기독론을 논증하다가 마지막에는 그 논증을 "찬송의 제사"라는 개념으로 정리한다(히 13:15).

결론적으로, 아모스 9장에 나오는 "다윗의 장막"을 예배의 자리로 간주하는 것은 성서적으로 옳지 않다. 만일 아모스가 말한 다윗의 장막을 예배의 자리로 간주하면 위에서 언급한 주장대로 24시간 끊어지지 않는 찬양이 회복되어야 한다. 또한 다윗의 장막에 제사가 없었으니, 더는 제사에 의미를 둘 필요가 없다. 그렇지만 사람의 죄를 위한 영원한 제사인 예수 그리스도의 죽음이 예배에서 잊힐 수가 있을까? 다시 말해 그리스도인의 정체성과 예배의 근거가 되는 예수 그리스도의 죽음이 예배에서 기억되지 않는다면 어떻게 예배가 제대로 성립될 수 있을까? 더구나 아모스가 말한 다윗의 장막이 다윗 왕조를 가리키며, 궁극적으로 예수 그리스도의 죽음, 부활 및 재림을 통해 회복되는 하나님 나라를 가리키는 것이라면?

이상은 일차어인 다윗의 장막(아모스서의 "다윗의 장막")에 대해 기억해 두어야 할 점이지만, 이차어로서의 다윗의 장막(역대기의 "장막")에 대해 유의해야 할 점도 있다. 그것은 다윗이 법궤를 위해 세운 장막이 성막이나 성전처럼 구약의 예배 문화에 있어서 중심적이거나 장기적인 의미를 가지고 있지 않다는 사실이다. 그것은 모세의 회막도 마찬가지다. 이 둘은 이미 언급했듯이 율법에 기록된 것도 아니고 하나님의 직접적인 계시에 의해 만들어진 것도 아니다. 이 둘의 역할은 한시적이고 과도기적이다. 모세의 회막은 제단에 하나님과의 대면을 결합시켜 성막에서 이루어질 제사의 내용을 충족시키기 위한 것이고, 다윗의 장막은 제사와 대면을 위한 성막에 찬양과 경배를 결합시켜 하나님과의 만남을 완성시키기 위한 것이었다. 그래서 다윗은 성전 건축을 계획했다(물론 건축은 솔로몬이 했지만, 그 준비는 다윗 때에 이미 해 놓았다). 정리하면 모세가 세운 회막과 다윗이 세운 장막은 하나님과의 회복된 관계 속에서 하나님을 대면하여 찬양과 경배로 반응함으로써 하나님과의 온전한 만남을 이루는 성전 예배로 발전해 가는 단계였던 것이다.

기독교가 더는 제사를 드리지 않는다는 사실을 감안하면 찬양을 중심으로 하는 다윗의 장막은 제사의 자리인 성막이나 성전보다 분명 매력적으로 보인다. 그렇지만 "찬송의 제사"라는 히브리서의 표현은 기독교회가 제사의 폐지를 선언했지만 그 정신은 잊지 않았다는 것을 말해 준다. 다시 말해 예수 그리스도의 죽음이라는 영원한 제사를 통해 하나님과의 관계가 회복되었다는 것이 찬양에서 기억되어야 한다는 것이다. 요한계시록에 묘사된 천상의 예배 장면에서도 예수 그리스도가 "죽임을 당하신 어린양"으로 고백된다는 사실이 바로 이 점을 분명히 한다(계 5:12).

예배에 관련된 두 기억

기억은 개인적인 차원에서만의 것이 아니다. 공동체가 공유하는 기억도 있는데, 이것을 집단기억이라고 한다. 프랑스 사회학자 모리스 알박스(Maurice Halbwachs)에 의해 조명된 이 개념이 의미하는 바는 그의 글 《집단기억에 대해》(*On Collective Memory*)의 영어판 편집자 서문에 잘 나타나 있다.

나는 진주만 사건 직전에 이민자로서 이 나라에 왔다. 내 또래의 젊은이들과 친구가 되거나 적어도 연락하는 사이가 되기까지는 시간이 오래 걸리지 않았다. 그러나 미국에서 태어난 사람들과의 관계에 무언가 완전한 소통을 가로막는 것이 있다는 것과 우리 사이에 넘어갈 수 없는 장벽 같은 것이 있다는 것을 느끼기까지는 오랜 시간이 걸렸다.…내 친구들이 공유하고 있던 주요 스포츠에 대한 기억이 내게는 없었다.…나는 미식축구가 유럽식과는 매우 다르므로, 내가 그들의 축구 지식에 함께할 길이 없다는 것을 깨달았다.…고등학교 시절의 공통적인 경험에 대한 이야기 또한 나에게는 무의미했다.…그들에게 어떤 특별한 역사의식이 있던 것이 아니었음에도 그들의 대화에서 역사에 대한 언급이 튀어나올 때면 종종 이해하기가 어려웠다.…나는 그들의 집단기억으로부터 제외돼 있었다.

기독교는 기억의 종교라고 일컬어진다. 기독교의 신앙의 내용이 하나님께서 예수 그리스도를 통해 사람들과 세우신 언약에 기초해 있으므로, 그리스도인들의 신앙과 삶이 그 언약을 기억하고 지키는 것에 의해 세워진다는 뜻이다.

구약에서 이스라엘 민족이 가진 집단기억은 출애굽 사건과 시내산에서의 언약을 중심으로 형성되었다. 율법은 일종의 언약 체결서였으며, 유월절은 그 언약에 대한 집단기억을 전승하는 행사였다. 기독교회의 집단기억의 핵심은 예수 그리스도의 죽음을 통한 언약이며, 그 기억을 전승하는 행사는 성찬식이다.

이와 함께 그 언약 관계의 유지라는 점에서 교회가 전승해 온 집단기억이 있다. 그중 하나가 제사에 관한 기억이고, 다른 하나는 찬양과 예배(또는 경배)에 대한 기억이다. 흥미로운 점은 예수 그리스도의 죽음을 통해 희생제사가 완성되었기 때문에 이제 더는 제사를 드리지 않음에도, 교회가 여전히 제사에 대한 기억을 버리지 않고 있다는 것이다. 이 점을 반영하는 것이 히브리서에 나오는 "찬송의 제사"라는 표현이다(히 13:15).

두 기억을 통합하는 예배

1980년 후반에 일어난 찬양과 경배 운동의 목적은 자칫하면 영적 및 문화적 화석이 되기 쉬운 교회의 예배모임에 영적 활력을 불어넣으면서 문화적으로 업데이트를 하는 데 있었다. 그로부터 25년이 지난 지금, 당시 그 운동에 참여한 십대와 이십대가 지금은 삼십대부터 오십대의 연령층, 그러니까 주일예배 모임의 중심 연령층이 되었다. 이 때문에 적지 않은 교회가 주일예배 모임의 형식을 전통적인 예배 형식에서 다른 형식으로 전환해야 할 필요를 느끼게 되었고, 이를 시도하고 있다. 이때 생각해 볼 수 있는 것은 다음의 두 가지 방법이다.

우선, 한 교회 안에 여러 스타일의 예배모임(예를 들어 1부 때는 전통적인 형식을, 2부 때는 동시대적 또는 현대적 예배 형식을, 3부 때는 이 둘을 결합시킨 통합예배 형식을 진행하는 등)을 두어 교인이 각자 자신의 문화적 취향에 따라 선택을 하게 하는 것이다. 젊은이들의 모임에서 선호하는 동시대적 예배모임의 특징은 전통적인 의전의 순서를 없애고 순서를 단순화하는 것인데, 이에 따라 주로 성가대를 없애고 예배인도 팀(옛 명칭으로는 찬양인도 팀)을 세운다. 통합예배는 전통적인 의전의 골격을 그대로 두되 노래하는 시간의 비중을 높인다. 그리고 회중이 노래할 때에는 예배인도 팀이 주도하지만, 성가대의 순서도 따로 가진다.

다른 하나는 모든 예배모임을 통합예배 형식으로 바꾸는 것이다. 이렇게 하면 교회 안에 문화적인 일치를 이루는 가운데 통합예배의 장점(즉, 의전의 각 순서를 통해 표현되고 수행된 예배모임의 요소)을 잃지 않으면서 문화적인 업데이트를 할 수 있다는 장점이 있다. 그러나 단점도 있다. 모두 어느 정도의 불만족을 느낄 것이라는 점이다. 전통예배에 익숙한 이들은 새로운 형식과 노래에 조금이라도 거북해할 것이고, 반대로 새로운 형식을 선호하는 이들은 전통적인 요소를 조금이라도 불편해할 것이기 때문이다.

교회가 둘 중 어떤 식을 택하든지 한 가지 잊지 말아야 할 점이 있다. 예배회 가운데 (제사가 아니라) 제사에 대한 기억이 어떤 형태로든 유지되어야 한다는 점이다. 특히 전통적인 형식과 동시대적 형식의 결합 또는 통합이 일어날 때 이 문화적인 통합 때문에 제사에 관한 기억이 예배와 찬양으로부터 분리되어서는 안 된다. 우리 예배의 본질은 문화 축제가 아니라 보좌에 앉으신 이와 어린양을 기억하고 고백하는 것이기 때문이다.

또 다른 기억의 문제

지금까지 이 시대에 중요하게 여겨져야 할 예배 모델로 통합예배를 제시했다. 그러나 이 모델을 고려할 때 관심을 가져야 할 한 가지 문제가 있는데, 그것은 바로 기억이 축적되어 우리의 의식 저변에 자리 잡을 때 생기는 현상인 연상이 일으키는 문제다. 특히 예배를 위해 사용하는 매체가 주는 연상은 예배를 도울 수도, 또는 방해할 수도 있으므로 그 영향력을 민감하게 파악하고 지혜롭게 다루어야 한다.

앞서 문화가 자연과 인간의 활동이라는 두 요소 때문에 가치중립적인 영역과 가치에 민감한 영역이 겹친다는 것을 언급했다. 그리고 매체는 기본적으로 가치중립적인 영역에 있다는 것을 지적했다. 그러나 종종 매체가 어떤 가치를 띠는 것처럼 보이기 때문에 사람들이 윤리적인 판단을 가하는 경우가 있다. 예를 들어, 색소폰이 한때 우리나라 교회에서 사용되기 어려웠던 적이 있다. 이 악기를 볼 때마다 퇴폐적인 밤 문화가 연상되었기 때문이다.

그러나 그러한 연상은 부당하다. 왜냐하면 매체와 그 사용 환경의 관계는 본질적인 것이 아니기 때문이다. 색소폰의 경우를 보아도 그렇다. 이 악기는 19세기 중반에 벨기에의 악기 설계가 아돌프 삭스(Adolphe Sax)에 의해 제작되었으며, 이 악기의 이름인 'saxophone'도 그의 이름을 따서 지은 것이었다. 이 악기의 원래 용도는 관현악과 취주악 연주를 위한 것이었고, 프랑스 작곡가 비제의 곡 "하나님의 어린양"(Agnus Dei)의 관현악 파트에도 포함되었다. 그런데 이 악기가 미국에서는 주로 취주악이나 대중음악에 사용되었고, 우리나라에 소개되었을 때에는 종종 야간업소의 밤무대에서 사용되었다. 말하자면, 색소폰은 야간업소뿐만 아니라 콘서트홀에서도, 취주악단의 거리 행진에서도 사용되었는데, 이러한 연주 환경은 연주자의 활동 성향에 따라 결정되었을 뿐이다.

문제는 위의 경우처럼 부당하게 형성된 연상이 이러한 연상을 떠올리는 사람들이 예배하는 데 실제적인 방해를 일으키는 경우가 있다는 사실이다. 그렇다면 이 문제를 어떻게 해결해야 할까? 매체는 가치중립적인 것이니 우리와는 상관없다며 일축해야 할 것인가?

연상을 넘어서

한 사회에 복음이 전파된다는 것은 그 사회의 가치체계가 성서적인 것으로 바뀐다는 것을 의미한다. 그것은 한 사회 안에 형성되어 온 고유의 사고체계가 새롭게 개편되어 새로운 가치체계로 바뀐다는 뜻이다. 따라서 복음이 전파될 때 우리는 한 사회가 지닌 생활환경이나 관습, 그리고 그것이 주는 잘못된 연상으로부터 사람들이 자유로워지기를 기대할 수 있다.

그러나 기존의 가치체계가 무너지고 새로운 체계가 세워지는 과정은 하루아침에 되는 일이 아니다. 개신교 선교 초기, 한국 사회에는 남녀칠세부동석의 관습이 있었다. 그래서 처음에는 예배당을 ㄱ자로 만들어 남자와 여자가 건물의 각 부분에 따로 앉게 했다가, 그 이후 같은 공간에 앉되 가운데에 휘장을 치고서 좌우로 나뉘어 앉아 서로 보지 못하게 했고, 그러다가 남녀석의 구분은 남긴 채 휘장을 없앴다. 이제는 그러한 구분 없이 섞여 앉는다. 만일 선교사들이 선교 초기부터 남녀가 섞여 앉아 예배하게 했다면 교회는 패륜집단으로 낙인찍혀 이 땅에 뿌리내리기가 힘들었을 것이며, 예배당에 와 있는 사람들조차 옆에 앉은 이성 때문에 예배하기가 힘들었을 것이다.

ㄱ자 예배당을 생각해 보면 두 가지를 깨닫게 된다. 첫째, 한국의 초기 교회 시절에 외국 선교사와 우리나라 그리스도인들은 어떻게 하면 "남자나 여자나 다 그리스도 예수 안에서 하나"(갈 3:28)라는 성서적 가치와 '남녀칠세부동석'이라는 당시의 사회적 가치가 공존할 수 있을지를 찾았다. 선교지의 풍습을 배려하면서 성서적 가치를 이룰 수 있는 지점을 찾은 것이다. 둘째, 이 때문에 ㄱ자 예배당이라는 새로운 건물 구조가 생겨났다. 충돌이 일어나는 것을 막기 위해

창의적인 건축을 한 것이다. 요컨대 ㄱ자 예배당은 교회가 사회의 문화를 존중하면서도 성서의 가치를 실현하는 과정에 필요한 창의적 문화 활동의 열매라고 할 수 있다.

한 사회 안에는 고유의 가치와 생활방식 때문에 일어나는 독특한 연상이 있다. 그 연상은 대부분 오랜 시간에 걸쳐 형성된 것이므로 바뀌는 데에도 시간이 걸린다. 따라서 이 점을 아예 무시해 버리면 그것 때문에 더 큰 대가를 치러야 할 수도 있다. 말하자면 음악과 악기는 예배를 돕기 위해 사용하는 것일 뿐인데, 예배를 위해서라는 명목 아래 부정적인 연상을 억지로 사용하다가 (제아무리 그 연상이 부당한 것이라 해도) 그것 때문에 예배가 방해를 받게 된다면, 무엇 때문에 그 음악과 악기를 사용해야 하는지 다시 한 번 점검해 봐야 한다. 따라서 우리에게 필요한 것은 우리가 당면한 연상의 문제를 적절히 다룰 지혜를 얻고, 그 지혜에 근거한 창의적 문화 활동을 하며, 그 활동의 결과로 온전한 상태가 이루어질 때까지 기다리는 인내다.

김경진 목사는 장로회신학대학교에서 예비 목회자들을 가르치며, 한국교회가 인본주의적이고 기복적인 요소를 분별하고 종교개혁의 정신을 좇아 올바른 예배신학을 정립하도록 돕고 있다.

　장로회신학대학교(Th. B.)와 장로회신학대학교 신학대학원(M. Div.), 장로회신학대학교 대학원(Th. M.)을 거쳐 미국의 보스턴대학교(Th. D.)를 졸업했으며, 현재는 장로회신학대학교 예배학과 설교학 교수로 섬기고 있다.

　저서로는 해마다 발간되는 《교회력에 따른 예배와 설교 핸드북》(공저, 예배와설교아카데미), 《성공적인 목회를 위한 예배교육 프로그램》(공저, 한국기독교교육교역연구원) 등이 있다.

2부

담임목사가 붙들어야 할 예배의 초점

김경진

2부의 내용은 교육목회 99년 가을호(총회교육부, 1999)와
교육목회 2001년 봄호(총회교육부, 2001)에 저자가 연재한 원고를 편집한 것입니다.

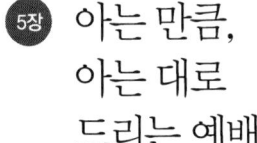

5장 아는 만큼, 아는 대로 드리는 예배

하나님을 아는 지식과 예배

지나온 길을 돌아보며 예배를 묻다

개인과 공동체 예배의 개혁과 변화를 소망하는 사람이라면 누구나 던져야 할 질문이 있다. 잘 알고 있는 것 같지만 막상 대답하려고 하면 좀처럼 정리하기 힘든 그 질문은 바로 이것이다.

"예배를 어떻게 드려야 하는가?"

이 질문에 대해 성경적으로 올바른 답변을 하기 위해 우리는 성서, 신학, 철학, 비교종교학 같은 다양한 관점에서 예배를 연구한다. 이 중에서도 "예배를 어떻게 드려야 하는가?"라는 질문에 적절한 답을 제시하는 방법은 예배의 역사를 연구하는 것이다. 지나온 역사를 살피고 연구한 결과를 통해 개인과 공동체가 지금까지 어떻게 하나님을 예배해 왔는지 서술적으로 볼 수 있기 때문이다.

하지만 예배의 역사를 통해 완벽한 예배 형태나 원형을 찾아보겠다는 생각은 하지 않는 것이 좋다. 결론부터 말하자면, 그것은 불가능하다. 기독교의 예배가 문화와 구분하기 어려울 정도로 연결되어 있고 신학적, 정치적, 실천적 문제들과도 밀접하게 얽혀 있기 때문이다. 그러므로 시대와 문화를 초월해서 모두에게 적용 가능한 '완벽한 하나의' 예배 형태를 만들기란 불가능할 뿐만 아니라 무의미한 일이다.

오히려 예배의 역사 연구는 역사 속에 나타난 예배의 여러 가지 형태, 즉 예배의 다양성을 먼저 강조한 다음, 그것을 토대로 다양한 예배 가운데 나타나는 통일성을 포착해 나가는 것이 좋다. 이러한 접근 방식은 특정 신앙공동체의 신학과 문화, 상황에 맞는 토착적 예배 형식을 창조할 수 있게 해준다. 특정 형식이 언제부터 존재했는지 따져 보는 (시간적인 면에서 근원을 파악하는) 것만으로는 결코 얻을 수 없는 능력이다.

그러므로 "예배를 어떻게 드려야 하는가?"에 대한 온전한 대답은 특정한 예배 형식 가운데 담긴 공동체의 실체적 근원을 파악할 수 있을 때 얻을 수 있다. 이것이 바로 예배의 역사를 들여다보면서 끊임없이 "그 당시 그 공동체가 이 의식을 어떤 의미로 받아들였으며, 이 의식은 당시 공동체의 신앙과 삶 가운데 어떤 역할을 감당했는가?"라고 질문해야 하는 이유다.

예배란 무엇인가

기독교 예배의 역사를 설명하려면 먼저 '예배'라는 단어가 무엇을 의미하는지부터 결정해야 한다. 하지만 예배를 정의하는 것은 그리 간단한 문제가 아니다. 기독교 예배에 관한 학자들의 정의와 성경에 사용된 용어들이 있지만, 그 모든 것을 하나로 종합해서 요약하기란 불가능해 보인다. 이 책에 담긴 설명 역시 예배에 대한 하나의 설명에 불과할 뿐이다.

극히 일부를 제외한 대부분 종교는 신의 존재를 인정한다. 또한 인간과 신 사이에 연결이 가능하며, 교류가 가능하다고 생각해 왔다. 이런 종교에 나타나는 신들은 모두 인간과 관련되어 있고 인간세계와 밀접하게 연결되어 있다. 즉, 신이 사람과의 관계 상황에 서 있다는 이야기다. 그렇다면 신은 사람과 어떻게 연결되는가?

예배학자인 제임스 화이트(James White)는 어떤 존재이든 서로 연결되려면 각 존재 사이에 '자기 수여' 혹은 '자기 내어줌'(self-giving)이 있어야 한다고 말했다. 자기 안에 갇혀 있는 개체는 절대로 다른 개체와 연결될 수 없으며, 오직 신과 인간이 서로에게 자신을 내어줄 때에만 관계가 성립되고 만남이 이뤄진다는 것이다. 여기서 신이 '자기를 내어주는' 방법에 대해 생각해 보자. 신은 아무런 제약 없이 무한한 방법을 사용할 수 있지만, 그 대상이 인간일 경우에는 인간의 한계와 영역을 벗어날 수 없다. 인간의 한계를 넘어선 신의 자기 수여는 인간에게 절대로 전달될 수 없기 때문이다. 마치 신은 모든 주파수의 소리를 만들고 들을 수 있지만, 인간이 들을 수 있는 음폭은 제한되어 있는 것과 같다. 따라서 신의 '자기 내어줌'은 인간이 경험하고 인지할 수 있는 육체성과 시간성 안에서 표현될 수밖에 없다. 신은 인간이 경험하는 시간과 공간 속에서 자신을 나타내며 또한 자기를 내어준다. 이러한 신의 자기 수여는 크게 말과 행동이라는 두 가지 형태로 인간에게 다가온다.

기독교를 예로 들어 보자. 기독교의 하나님은 자기 백성에게 끊임없이 말과 행동으로 자신을 내주시는 분이다. 선지자들을 통해 자신의 말(神言)을 전달하며, 인간의 시간 속에서 자연적, 초자연적으로 자신을 나타내신다. 이스라엘 민족에게 구름기둥과 불기둥으로, 만나와 메추라기로, 법궤로, 이적으로 자기를 나타내며 자기를 수여하신다. 그리고 가장 결정적인 것은 자신의 아들 예수 그리스도를 인간의 모습을 입고 이 땅에 오게 하신 일이다. 하나님의 자기 수여의 정점에 예수 그리스도가 계시다. 하나님은 자신의 아들을 주심으로 말미암아 인간에게 줄 수 있는 최고의 자기 수여를 실행하셨다. 이것이 바로 인간을 향한 하나님의 자기 수여다.

이렇게 기독교를 비롯한 대부분 종교에는 신의 자기 수여가 필수적이다. 우리는 흔히 이러한 신적 자기 수여를 넓은 의미로 '계시'라고도 부른다. 그렇다면 하나님을 향한 인간의 자기 수여는 어떻게 이루어지는가?

인간 또한 신을 향해 말과 행동으로 자신을 드리게 되는데, 이것이 바로 인간의 자기 수여다. 고대 종교에서는 신을 달래기 위해 어린아이나 처녀를 바치는 인신제사를 지냈는데, 이것이 바로 신에 대한 인간의 자기 수여를 잘 보여 주는 의식이다. 종교성을 가진 인간은 자신의 모든 것을 가지고 시간과 공간 속에서 하나님께 자신을 내놓는다. 시간을 내놓고, 정기적으로 특정 장소에 모이고, 특별한 행동을 통해 자신을 수여한다. 춤과 노래, 찬양, 식사, 기도, 봉사, 구제, 계시된 말씀의 낭독, 제사 등등의 상징 행동(sign-act)과 말은 인간이 하나님께 드릴 수 있는 자기 수여의 대표적인 방법이다. 그래서 우리는 이렇게 인간이 하나님께 자신을 내어 드리는 행위를 '예배'라고 부른다. 예배는 인간이 말과 행위로 신께 자신을 내어 드리는 자기 수여다. 이런 예배 속에서 하나님은 신의 말과 행위로 다시 자신을 내어주심으로 인간에게 다가오신다. 이렇게 인간은 상호 자기 수여를 통해 하나님과의 만남을 경험하는데, 이것이 넓은 의미의 예배다. 신과 인간, 초월과 한계가 접하는 만남이 예배인 것이다. 존 헉스터블(John Huxtable)이 기독교 예배를 "하나님과 그 백성 사이의 대화"로 정의한 것도, 인간과 하나님의 만남을 강조한 것이라 할 수 있겠다.

이러한 만남의 관계에서 인간의 자기 수여를 결단하게 하고 유도하는 것은 인간의 그것을 선행하는 신의 자기 수여다. 대부분 종교에서 신의 자기 수여와 계시는 인간에게 그들 나름대로의 신관을 형성해 주고, 결국 인간은 선행된 신의 자기 수여와 계시를 통해 얻은 신에 관한 정보를 따라 자신을 내놓게 된다. 결국 인간의 자기 수여는 언제나 신의 자기 수여에 대한 응답이 된다. 그러므로 신의 자기 수여는 계시로, 인간의 자기 수여는 응답으로 바꿔 말할 수 있다. 예를 들어, 어부가 바다에 나가기 전에 신을 달래기 위해 제사를 드리는 것은, 자신이 이해하고 있는 신(계시)에 대한 응답이다. 그가 계시받은 신은 바다에서 폭풍을 일으켜 그를 죽일 수도 있는 존재이기 때문이다. 결국 어떤 종교든 예배는 신의 계시에 대한 인간의 응답이 만나는 자리다.

예배학자인 존 버크하르트(John Burkhart)는 예배를 "하나님이 하신 것, 하고 계신 것, 그리고 하기로 약속하신 것에 대한 인간의 흥겨운 응답"이라 말했다. 폴 훈(Paul Hoon)과 이블린 언더힐(Evelyn Underhill) 역시 예배에서 하나님의 계시와 인간의 응답을 강조한 바 있다. 어떤 수준과 형태를 취하고 있던 모든 종교의 예배는 신의 계시에 대한 인간의 응답이라는 의미다.

또 다른 예배학자인 윌리엄 맥스웰(William Maxwell)은 언어와 행위로 구성되는 인간의 응답은 하나님께 대한 지식과 인간이 자신의 예배에 반영할 수 있는 재원에 따라 결정된다고 말한다. 그런데 인간이 반영할 수 있는 재원에는 한계가 있다. 따라서 모든 종교는 비슷한 유형으로 예배를 발전시킬 수밖에 없다. 예를 들어, 춤과 노래는 인간이 신을 예배하는 데 반영할 수 있는 가장 대표적인 재원이다. 그러므로 대부분 종교가 이를 예배 수단으로 활용한다. 따라서 인간의 재원 차원에서 종교별로 예배를 구분하거나 분류하기란 사실상 어려운 일이다.

결국 각 종교에서 그 예배의 독특성을 형성하는 것은 인간이 가진 하나님에 대한 지식이다. 이는 앞에서 말한 대로 하나님의 자기 수여와 계시를 통해 얻은 것으로, 기독교의 예배를 타종교의 예배와 구별해 주는 핵심이 된다.

하나님을 아는 지식이 초점이다

예배에서 가장 중요하고 결정적인 요소는 그 예배를 독특하게 하는 하나님에 대한 인간의 지식이다. 기독교 예배의 독특성도 기독교 예배를 가능하게 하는 '구별된' 하나님에 대한 지식이다. 성경을 통해 계시된 성부 하나님, 성자 하나님, 그리고 성령 하나님에 대한 인간의 지식이 바로 기독교 예배를 다른 예배와 구별 짓는 중요한 잣대가 된다는 말이다.

공동번역 성경 히브리서 10장에는 성자 하나님이신 그리스도에 대해 이런 지식이 기록되어 있다.

예수 그리스도께서는 하느님의 뜻을 따라 단 한 번 몸을 바치셨고 그 때문에 우리는 거룩한 사람이 되었습니다(히 10:10, 공동번역).

성자 하나님에 대한 이 지식은 즉시 그러한 하나님에 대한 예배로 이어진다.

그러므로 우리는 예수의 이름으로 언제나 하느님께 찬미의 제사를 드립시다. 하느님의 이름을 우리의 입으로 찬양합시다. 좋은 일을 하고 서로 사귀고 돕는 일을 게을리하지 마십시오. 하느님께서는 이런 것을 제물로서 기쁘게 받아주십니다(히 13:15-16, 공동번역).

이렇게 기독교 예배는 기독교인이 인식하는 하나님에 대한 지식과 밀접하게 관련되어 있다. 전통적으로 기독교는 삼위일체 하나님에 대한 지식을 바탕으로 예배를 형성해 왔다.

존 버크하르트는 인간이 드리는 예배가 하나님께 대해 첫째로는 하나님이 하신 일을 인정하며 감사 혹은 숭모하고, 둘째로는 하나님이 하신 일을 기념하고 재연하며, 셋째로는 하나님이 하신 일을 선포하고 알리는 내용을 담아 왔다고 말한다. 결국 우리에게 계시되신 삼위일체 하나님을 숭모하고 그분이 하신 일을 재연하며 선포하는 것이 기독교 예배다.

앞서 기독교 예배가 삼위일체 하나님에 대한 지식에서 출발한다고 했는데, 이와 관련해서 발생하는 문제는 삼위일체 하나님을 합당하게 예배하지 못하고 한 위격의 하나님만을, 즉 성부 하나님, 성자 하나님, 성령 하나님 중 한 분만을 강조하는 것이다. 사실은 예배학자들조차도 종종 이런 위험에 빠진다. 이블린 언더힐은 하나님과 피조물과의 관계를 강조함으로써 창조주이신 성부 하나님에 대한 예배를 강조한 적이 있고, 폴 훈은 예배를 정의할 때 기독론에 근거해서 '기독교 예배는 근본적으로 기독론적이어야 한다'고 말했다. 또한 오순절교회를 대표하는 학자들은 대부분 기독교 예배는 성령이 활동하며 그의 능력이 나타나는 현장이라는 것을 강조한다.

역사적으로 볼 때 성부 하나님을 강조하며 예배한 대표적인 부류는 유대인이며, 성자 하나님을 강조하며 예배한 대표적인 부류는 성만찬을 강조하고 실행한 과거 서구 교회이고, 성령 하나님을 강조하며 예배한 대표적인 부류는 은사와 병 고침 등을 강조한 현대 오순절교회 등이었다. 이렇게 한쪽을 지나치게 강조하는 교회의 예배는 기독교 예배를 총체적으로 대표한다고 볼 수 없다. 오직 성부와 성자와 성령에 대한 지식이 골고루 예배 속에서 합당하게 표현될 때 진정 기독교다운 예배라 부를 수 있기 때문이다.

잘못된 인식, 잘못된 예배

하나님을 아는 지식이 반드시 붙잡아야 할 기독교 예배의 초점이라면, 그와 관련해서 세 가지 정리해야 할 것이 있다.

우상숭배

첫 번째는 우상숭배의 문제다. 그리스도인 중에는 상징물이나 상징행위를 우상숭배와 관련된 것으로 생각하는 이들이 많다. 하지만 상징과 상징행위 모두 우상숭배인 것은 아니다. 기독교 예배에서도 얼마든지 하나님을 예배하는 데 상징물과 상징행위를 사용할 수 있다. 그것 또한 인간이 가진 재원이기 때문이다. 인간의 재원에 한계가 있기 때문에 형식이나 겉으로 보이는 것만 가지고 다른 종교의 예배를 우상숭배로 규정지을 수는 없다. 어떤 종교에서든 인간은 신에 대한 응답으로 절을 하거나 춤추거나 노래할 수 있다. 문제는 그렇게 응답하는 인간의 마음이나 공동체 의식 가운데 '어떤 신관(神觀), 어떤 신에 대한 지식이 있는가'다.

우상숭배를 구분하는 가장 중요한 요소는 인간의 행위 자체가 아니라 하나님에 대한 '다른' 지식이다. 즉, 하나님에 대한 다른 지식을 가지고 인간이 응답하는 것이 우상숭배라는 뜻이다.

형식주의

두 번째는 예배를 종교적 제의나 의식으로 오해하는 것이다. 앞서 본 대로 예배는 하나님의 자기 계시, 혹은 자기 내어줌에 대한 인간의 응답이다. 그런데 응답으로서의 예배는 특정 순간이나 장소에서뿐만 아니라 인간의 삶 전반에 스며들어, 인간 자신의 삶 전체를 통해 그에게 계시하신 하나님께 자신의 모든 것으로 성실하게 응답한다. 그러므로 인간의 예배는 당연히 삶 전체를 요구한다. 삶 전체를 통해 하나님을 숭모하고 그분이 하신 일을 재연하며 선포하는 것이다.

그런데 이러한 여정 속에서 하나님에 대한 동일한 지식을 가진 공동체가 함께 하나님께 응답하면, 특정 시간과 장소를 할애하고 특정 행동과 말을 통해 예배하게 된다. 이렇게 삶 속에 스며든 예배가 반복된 형태를 갖게 된 것이 바로 예배의식이다. 이것이 바로 흔히 말하는 좁은 의미의 예배다.

그리스도인의 삶 전체를 반영한다는 점에서 예배에 사용되는 각각의 의식은 모두 하나님에 대한 인간의 깊은 지식을 표현하고 있다. 결국 삶 전체로 드리는 우리의 응답을 압축한 것이 예배의식이고, 예배의식을 풀어 놓으면 삶 전체가 되는 것이다.

외식

기독교 예배와 관련해서 마지막으로 정리해야 할 문제는 외식이다. 외식이란 겉보기에는 올바른 하나님 지식에 근거해서 드리는 합당한 응답 같지만, 실제로는 그런 지식이나 정신이 없는 것을 말한다. 그러므로 외식으로 예배한다는 것은 예배 순서를 올바른 지식에 따라 정했음에도 그 가운데 참여하는 예배자가 실존으로 응답하지 못하는 것을 말한다.

이처럼 참 예배란 의식을 만들되 의식 안에 갇히지 않으며, 잘못된 신관 때문에 우상숭배에 빠지지 않고, 겉만 번지르르하고 속은 의미를 잃어버린 외식을 범하지 않는 것이다.

성만찬 같은 순서에서 볼 수 있듯이 기독교 예배는 다른 종교의 예배와는 다른 독특성을 가지고 있다. 하지만 그렇다고 기독교 예배가 '무로부터 창조'된 것이라고 생각하는 것은 순진한 생각이다. 예배학자 루이스 보이어(Louis Boyer)가 말한 것처럼, 기독교 예배란 아버지도 어머니도 없는 멜기세덱처럼 하늘에서 뚝 떨어진 어떤 것이 아니다.

앞에서 우리는 예배를 단순한 의식이나 순서를 넘어서는 '인간의 전 영역을 포함하는 삶'으로 정의했다. 이렇게 인간의 삶으로까지 확장되는 예배의 정신은 구약시대부터 강하게 나타난 '회중 중심'의 예배신학이나 신약시대에서 제사와 성전에 대한 예수님의 태도, 예배에 대한 초대교회와 사도들의 해석을 통해 이후 기독교 예배의 형성 과정에 면면히 흘러오고 있다. 이제부터 초대교회와 중세, 종교개혁기의 기독교 역사 속에서 이 예배 정신이 어떻게 표현되고 어떻게 변질되었으며 어떻게 회복되었는지 살펴보기로 하자.

6장 제사가 아니라 믿음, 의식보다 삶, 건물 대신 공동체

> 신약의 예배 정신을 이어받은 초대교회

초대교회의 시대적 구분에 대해서는 학자들 간에 다소 이견이 있다. 제임스 화이트는 신약시대 이후를 강조하기 위해 정경화 시대가 종결된 A. D. 133년경부터 교황 그레고리 Ⅰ세가 사망한 A. D. 604년까지를, 윌리엄 맥스웰은 신약시대와 겹치는 시점인 약 A. D. 50년경부터 A. D. 500년까지를 초대교회로 구분한다. 로버트 웨버(Robert Webber)도 맥스웰과 동일하게 구분하는데, 그 이유는 신약시대와 중복되게 초대교회 시대를 설정하면 비슷한 시기에 기록된 (성서 이외의) 초대교회 문서와 서신들을 살펴볼 수 있고, A. D. 500년경에 대부분 서방교회의 예배 형식이 고정되었기 때문이다. 여기에서는 편의상 맥스웰의 시대 구분을 따르기로 하자.

초대교회의 예배신학

초기 교부들과 기독교 저술가들은 신약시대와 마찬가지로 '삶을 통해 봉사하는' 예배신학(liturgy of life)을 주장했다. 그들은 그리스도인이 드려야 하는 희생을 하나님께 복종하는 것으로 이해했는데, '주님의 잔을 함께 마시는 것'으로 표현되는 이 복종은 실제로 복음증거를 위해 자신의 삶을 온전히 내놓는 것을 의미했다(막 10:38). 그래서 초기 교부들과 저술가들은 구약시대 제사의 개념과 정반대 입장에서서 사도들의 가르침을 따라 하나님의 성전이 영적인 존재라고 생각했다. 그리스도인 개개인이 올바른 삶과 몸을 통해 연속적인 예배를 하나님께 드리기 때문에, 진정한 예배의 장소를 건물이 아니라 성도들이 모여서 이뤄진 공동체로 본 것이다.

이런 견해 때문에 초대교회는 이교도들로부터 불경건하다거나 종교스럽지 않다는 비난을 받기도 했다.

"왜 당신들에게는 제단이 없는가? 왜 당신들에게는 교회가 없는가? 왜 당신들에게는 형상이 없는가?"

하지만 당시 문헌을 살펴보면 초대교회는 이러한 비판을 도리어 그들의 자랑으로 여겼던 것 같다.

초대교회의 교부들과 저술가들의 예배신학은 신약성서의 예배신학과 거의 동일하다고 말할 수 있다. 그들에게 기독교 예배는 영적인 동시에 완전한 것이었다. 그것은 그들이 물질세계와 사회로부터 자유롭거나 세상으로부터 벗어났기 때문이 아니었다. 그것은 온 세상이 성육하신 하나님의 말씀인 예수 그리스도와 관계를 맺고 있기에 가능한 것이었다. 이레나에우스와 히폴리투스, 오리게네스 같은 교부들은 그리스도인의 삶이 하나의 제사이기에 그들의 가장 중요한 관심이 '교회와 세상이 그리스도의 희생 안에서 서로 나눔을 갖도록 부름 받았다는 사실을 보여 주는 것'에 있음을 일관되게 강조했다.

초대교회 예배 형태의 발전

초대교회의 기독론과 구원론이 반영된 '삶을 통해 봉사하는' 예배신학은 크게 세 가지 예전을 강조했는데, 첫 번째는 그리스도인이 되는 예전인 세례 성례전, 두 번째는 그리스도가 우리를 위해 단번에 희생이 되셨다는 것을 기념하는 성만찬 성례전, 마지막 세 번째는 그리스도가 구주이심을 선포하고 알리는 말씀의 예전이었다.

그래서 윌리엄 맥스웰도 그의 저서 《예배의 발전과 그 형태》(쿰란출판사 역간)에서 초대교회 예배의 특징을 다음 네 가지로 분류했다.

- 첫째, 초대교회 교인들은 한동안 회당이나 성전예배에 참석했다.
- 둘째, 초대교회 교인들은 애찬(Agape meal or Love Feasts)이라고 불리는 공동식사를 했다.

- 셋째, 초대교회 교인들은 이 식사의 마지막 부분에 주님께서 최후의 만찬 때 부탁하셨던 명령을 받아 성찬예식(Lord's Supper or Eucharist)을 행했다.
- 넷째, 이 예전이 끝날 무렵에는 예언이나 방언을 비롯한 특별한 은사의 체험이 모임 속에서 이루어졌는데, 이것은 매우 주의 깊은 통제 아래 진행되었다.

맥스웰은 이러한 초대교회의 예배 가운데 공동식사는 성찬예식과의 유사성 때문에 2세기경에 사라졌고, 은사 체험의 예배도 (고린도교회의 경우처럼) 교회에 미치는 부정적인 문제 때문에 조심스럽게 접근되다가 결국 2세기경 공식적인 예배에서 자취를 감췄다고 말한다. 또한 성전예배는 70년경 예루살렘 성전의 파괴와 함께 자연스럽게 사라졌다.

그래서 맥스웰은 초대교회의 예배가 크게 회당예배를 계승한 것으로 추측되는 말씀의 예전(liturgy of the Word)과 예수님이 친히 세우신 성만찬 예전(liturgy of the Upper Room)으로 발전했다고 주장한다. 하지만 그의 주장은 당시 예배신학과의 관계성을 설명할 수 없다는 점에서 한계가 있다. 그렇다면 초대교회의 예배신학은 그 예배 형태와 발전 과정에 어떠한 영향을 미쳤을까?

세례 성례전

버논 뉴펠드(Vernon Neufeld)는 초기 기독교적 증거의 형태는 "주는 그리스도시니이다"(막 8:29)라는 베드로의 고백으로 요약할 수 있다고 말한다. 특히 유대 그리스도인들에게 예수님은 구약에서 약속된 메시아였다. 하지만 점차 이방인의 세계로 나아가면서 교회는 메시아보다 예수님의 구주되심과 그에 대한 시인을 강조하게 되었다. '예수 그리스도는 주'라는 신앙고백이 점점 더 그리스도인에게 필수적인 고백으로 자리 잡았다는 뜻이다.

> 네가 만일 네 입으로 예수를 주로 시인하며 … 구원을 받으리라 (롬 10:9).

> 성령으로 아니하고는 누구든지 예수를 주시라 할 수 없느니라 (고전 12:3).

> 우리는 우리를 전파하는 것이 아니라 오직 그리스도 예수의 주 되신 것과 … 전파함이라(고후 4:5).

또한 사도행전 2장 37-38절에 "우리가 어찌할꼬?"라는 질문과 함께 "너희가 회개하여 각각 예수 그리스도의 이름으로 세례를 받으라"는 사도들의 권면이 기록되어 있는 것을 볼 때, 세례는 그리스도인들이 예수님을 시인하는 예전이 발전된 것임을 알 수 있다. 그리고 마태복음 28장 19절의 "아버지와 아들과 성령의 이름으로 세례를 베풀고"라는 예수님의 명령도 초대교회가 세례 예전을 기독교적 예전으로 사용했음을 반증하는 것이다.

교부들이 교회를 예수 그리스도를 머리로 하는 공동체로 규정했기 때문에, 결국 세례는 머리이신 예수님 아래서 자신의 삶을 나누는 공동체에 소속되는 것을 의미하게 되었다. 유명한 세례문답인 히폴리투스의 기록에는 삼위의 각 위에 따라 세 번 물에 잠기는 것과 세 번의 신앙고백이 남아 있다. 그 내용은 다음과 같다.

문 : 당신은 전능하신 하나님 아버지를 믿습니까?
답 : 내가 믿습니다.
문 : 당신은 성령으로 말미암아 동정녀 마리아에게서 나셨고, 본디오 빌라도의 시대에 십자가에 못 박히셨고, 죽으셨고, 사흘 만에 죽은 자 가운데서 다시 살아나셨고, 하늘에 오르셨고, 하나님의 우편에 앉으셨고, 산 자와 죽은 자를 심판하러 오실 하나님의 아들 예수 그리스도를 믿습니까?
답 : 내가 믿습니다.
문 : 당신은 거룩한 교회의 성령과 육체의 부활을 믿습니까?
답 : 내가 믿습니다.

여기서 보듯이 삼위일체론의 발달로 말미암아 이미 기독교 예전 가운데 삼위일체를 시인하는 내용이 포함되어 있었음을 알 수 있다.

안식일에서 주일로

그리스도가 구주이시며 참 성전이 되신다는 초대교회 교인들의 생각은 점차 그들이 드리는 예배의 시간에 영향을 미치기 시작했다. 초기에는 유대교 전통을 따라 안식일에 예배 드렸지만, 그리스도의 죽음과 부활에 초점을 맞추면서 안식일 다음 날인 주일에 예배를 드리는 형태로 자리 잡게 되었다.

세례의 경우에는, '새로운 공동체로 들어가는 하나님의 새로운 창조'라는 견해가 대두되면서 숫자 '8'과 연결되기 시작했다. 이는 노아의 홍수에서 살아남은 사람이 여덟 명이라는 것과도 연관이 있지만, 하나님이 천지창조를 마치고 쉬신 7일째 날 다음 날인 8일째 되는 날 예수를 죽음에서 일으키고 부활하게 하셨다는 생각에서 나온 것이었다. 심지어 세례반을 팔각형으로 만들 정도로 숫자 '8'은 새로운 창조, 혹은 예수 부활의 상징으로 초대교회에서 자주 사용되었다.

초대교회 교인들은 천지창조의 여덟 번째 날인 주일(일요일)에 함께 모여 예배를 드리던 그 날을 '작은 부활절'처럼 생각했다. 예수의 부활은 예배하는 시간을 바꿔 놓을 만큼 초대교회 성도들에게 소중한 고백이었다. 그래서 A. D. 112년경 플리니(Pliny)가 보낸 편지와 A. D. 140년경 저스틴 마터(Justin Martyr)의 변증서 같은 그 당시 문헌을 살펴보면 이미 기독교의 예배 드리는 날이 매주 첫째 날(일요일)이었음을 알 수 있다.

말씀의 예전

학자들은 '말씀의 예전'이 회당예배의 전통으로부터 왔을 가능성이 높다는 것에 일반적으로 동의한다.

성경봉독과 시편송, 설교와 연도 등으로 이루어진 단순한 순서는 세례받지 않은 사람에게까지 열려 있었다. 초대교회의 설교는 주로 '그리스도가 구주이시다'라는 선포였으며, 유대인들을 대상으로 하는 경우에는 '십자가에 달리신 예수가 바로 메시아이시다'라는 선포가 주된 내용이었다.

초대교회 교인들은 예수 그리스도의 오심을 강조하기 위해 예언서를 즐겨 읽었고, 대개 예언서와 율법서, 복음서 등을 읽었으며, 때로는 감독들의 서신 등을 읽기도 했다. 예배 때는 회당에서처럼 남자와 여자를 구분했고, 남자는 머리에 아무것도 쓰지 않았지만 여자는 머리에 천을 썼다(고전 11:6-7). 그리고 기도할 때는 주로 자리에서 일어섰다고 한다(빌 1:27; 엡 6:14; 딤전 2:8).

성만찬 예전

성만찬은 기독교 예배를 유대교 예배와 구별 짓는, 예수님께서 친히 세우셨고 그분의 죽음과 부활을 기념하는 중요한 예전이었다. 따라서 성만찬 예전은 완전하신 희생으로 우리를 위한 제물이 되신 예수 그리스도를 기념하고 그분이 하신 일을 재연함으로써 그리스도인에게 더는 제사가 필요 없음을 재확인하는 것이다.

흔히 다락방 예전으로 불리는 성만찬 예전은 기독교의 핵심으로 여겨져 왔는데, 세례받지 않은 사람은 참여할 수 없었으므로 말씀의 예전이 끝나고 폐회한 뒤에 세례자들만 따로 모였다. 말씀의 예전과 다락방 예전 사이에 세례 예전이 위치하고 있었다는 말이다. 특히 박해 시기에는 기독교인들을 구분하고 보호하기 위해 비밀서약을 하기도 했다.

성만찬 예전은 예수님의 죽음과 부활을 기념하는 것이었으므로 매주일 아침에 행해졌고, 집례자는 성찬대 뒤에 서서 회중을 마주 보며 예배를 집례했다. 성만찬 성례전이 점차 기독교 예배의 중심에 서기 시작하면서 예식도 다양해졌는데, 특히 긴 성찬기도(prayer of Consecration)가 발전하기 시작했다. 그리고 성찬기도 안에 감사와 찬양(Preface), 감사기도(Thanksgiving for Redemption), 봉헌(Oblation), 축성기도(Epiclesis), 중재기도(Intercession) 등이 포함되며 더욱 복잡해졌다.

초대교회 예배신학 – 변질의 씨앗들

앞에서 살펴본 대로 초대교회는 '그리스도인에게는 더 이상 성전이나 제사가 필요하지 않으며 그리스도인 각자가 살아 있는 성전이고, 그리스도처럼 남을 위해 자신의 삶을 나눠 주는 것'이 그리스도인의 참 예배임을 강조했다. 또한 예수 그리스도를 머리로 하는 희생의 공동체에 들어오는 것이 세례 성례전이며, 예수님께서 죽으심으로 더는 희생제사가 필요 없음을 '들리는' 언어로 선포하는 것이 말씀의 예전이고, '보이는' 모습으로 예수님의 희생과 부활을 기념함으로 세상으로 나아가 희생하는 삶을 살도록 다짐하는 것이 성만찬 예전(다락방 예전)이었다.

그러나 성만찬 예전의 경우, 예전이 복잡하고 다양해지면서 '중세 예배신학을 변질시킨 씨앗'이라고 부를 소지가 있을 만한 건강하지 않은 견해들이 나타나기 시작했다. 로마의 클레멘트(Clement of Rome)는 '진정한 예배란 하나님의 뜻을 따라 사는 삶'이라는 사실을 강력하게 주장하는 동시에 엄격한 예배의식을 요구했다. 예를 들어, '예배는 적당한 시간에, 적당한 장소에서, 적당한 사람이 집례해야 한다'는 것이다. 클레멘트는 자신의 주장을 설명하기 위해 구약의 제사 제도를 예로 들었는데, 이것은 신약의 교회가 왜 구약의 제사 제도를 버렸는지 숙고하지 않은 결과다.

로마의 국교가 되면서부터 기독교 예배는 비기독교적 요소의 침

투를 경험해야 했다. 먼저 비교적 자유로웠던 예배 순서와 성찬기도가 점차 공식화되고 형식화되었다. 사제복은 로마제국의 신하들이 입는 옷처럼 화려해졌고, 예배 공간도 개인의 집에서 '에클레시아'(ecclesia) 혹은 '키리아콘'(kyriakon)으로 불리는 성전 형태의 교회로 바뀌었다. 그곳에는 '신비한 물건들'이 자리 잡기 시작했고, 지성소에는 돌로 만든 성찬대와 지성소와 성소를 구분하는 갈라진 커튼, 그리고 7개의 촛대 등이 놓였다. 교회 건물을 보며 성전을 연상하게 되고, 사제가 점차 하나님과 회중 사이의 중재적 위치를 차지하게 된 것은 자연스러운 결과였다.

이후 이그나티우스는 '성례는 감독과 떨어져서 집행될 수 없으며, 거룩한 장소인 교회는 희생의 장소'라고 주장했다. 떡과 잔은 봉헌의 문구로 말미암아 변화되며, 신실한 자의 영과 몸속으로 신적 생명을 주입하는 능력이 있다고 가르친 저스틴의 가르침도 주목할 만하다. 실재적 임재를 신앙에 의한 그리스도의 영접이 아니라 떡과 포도주 자체에 두는 경향이 여기에서 출발하기 때문이다.

또한 "가장 올바르게 사는 사람이 바로 가장 종교적이다"라는 페릭스(Felix)의 주장도 주목해 봐야 한다. 선행사상을 강조하는 이런 신학에서 '인간의 노력과 거룩함을 향한 훈련을 가지고 우리 자신이 제사를 드려야 한다'는 생각이 발전했다.

결론적으로 보면, 초대교회의 예배신학은 대체적으로 '삶으로 드리는 예배'를 견지하는 건강한 입장을 취했지만, 그 가운데 중세교회가 타락하게 되는 씨앗도 가지고 있었음을 부인할 수 없다. 중세교회 예배의 변질과 타락상을 통해서도 나타나겠지만, 인간은 하나님이 예수 그리스도로 말미암아 더는 우리에게 희생을 요구하지 않으심에도 끊임없이 제사를 드리려는 경향을 보이고 있다. 그리고 다시 구약의 제사로 돌아가려고 할 때마다, 기독교 예배는 언제나 타락과 변질을 경험하게 된다.

7장 화려하고 장엄하지만, 속은 텅 빈 예배

> 전적 은혜와 삶의 예배를 잃어버린 중세교회

초대교회와 마찬가지로 중세 역시 시대 구분에 대한 예배학자들의 의견이 엇갈린다.

예배 형태의 변화에 관심을 가진 맥스웰은 중세시대를 둘로 구분한다. A. D. 500-900년은 서방교회 예전의 두 기초라고 할 수 있는 로마 예배의식(the Roman Rite)과 갈리칸 예배의식(the Gallican Rite)이 병존하던 시기로, A. D. 900-1520년은 로마 의식이 절대적 우위를 차지하게 된 시기로 파악한 것이다. 하지만 이 구분은 예배 역사를 서방교회 중심으로 분류했다는 비판을 피할 수 없다.

제임스 화이트는 중세 초기를 그레고리 1세가 죽은 604년부터 그레고리 7세가 사망한 1085년까지, 중세 후기는 1085년에서부터 루터가 95개조의 반박문을 발표한 1517년까지로 나눈다. 인물을 중심으로 중세시대를 구분한 경우다. 하지만 예배에서 이런 시대적 구분은 사실상 무의미한 것일 수도 있다.

예배의 변화라는 것이 때로 급격하게 일어나기도 하지만, 대부분 지속적으로 꾸준히 진행되기 때문이다.

또한 예배신학의 변화를 기준으로 삼는다면 다른 시대적 구분을 내릴 수도 있다. '예배의식이 어떻게 발전되었는지'에 무게중심을 둔 맥스웰이나 화이트와 달리, 예배의식이 어떻게 변질되었는지에 관심을 둘 수도 있다는 말이다. 중세시대를 예배의 변질과 퇴보라는 관점에서 살펴보려 한다면, 그 시작을 기독교가 공인된 A. D. 313년 이후부터로 보는 것이 타당할지 모른다. 이제부터 기독교 예배가 시간이 지나면서 어떻게 역동성을 잃고 변질되어 갔는지 살펴보기로 하자.

중세교회 – 예배신학의 변질

이미 살펴본 대로 초대교회는 '삶을 통해 봉사하는' 예배신학을 견지했다. 더는 제사에 관심을 두지 않았고, 성전의 휘장이 갈라진 것처럼 모든 그리스도인이 그리스도를 통해 직접 하나님께 나아가게 된 것을 기뻐했다. 그들의 예배는 바로 이 점을 강조하고 확증하는 것이었다. 초대교회 교인들이 중요하게 생각한 것은 거룩한 특정 장소나 행위가 아니라 성도들 각자의 올바른 삶이었다. 그래서 지하 카타콤이나 가정집, 또는 어디에서 모이든 자신들의 신앙과 확신을 유지하는 데 부족함을 느끼지 않았다.

하지만 변화는 도리어 A. D. 313년에 기독교가 공인되고 A. D. 371년에 데오도시우스 황제가 기독교를 로마의 국교로 만들면서 나타나기 시작했다. 예배 변질의 단초가 된 것은 로마 정부가 마련해 준 예배 장소였는데, 이곳이 옛 성전의 역할을 하고 그 안에 신비한 물건들을 두기 시작하면서 점차 신비스러움을 강조하는 예배로 변하기 시작한 것이다. 더군다나 사제들이 중재자의 위치를 차지하면서 예배는 성속을 구분하는 구약 제사장 중심의 신학에 휩쓸리고 말았다.

한마디로 중세시대 예배 변질의 핵심은 '인간이 하나님께 무언가를 드린다'는 희생제사 개념이 부활했다는 것이다. 그렇게 '예수 그리스도의 희생을 통해 하나님과 완전히 화목하게 되었다'는 초대교회의 신념이 퇴색하면서 인간은 또다시 '하나님께 무언가 드려야 한다'는 강박관념에 사로잡히고 말았다.

예배의식의 발전

예배의식의 발전이라는 측면에서 중세는 성숙기 또는 발전기라 할 수 있다. 그레고리 1세가 자신의 이름을 딴 그레고리안 성례집(Gregorian Sacramentay)과 그레고리안 챈트(Grogorian Chant)를 발간한 것을 정점으로 교회의 예배는 어느 정도 표준적 형태를 갖기 시작했다.

6세기 이후, 동방교회와 서방교회의 예배는 서로 다른 방향으로 발전하기 시작했다. 동방교회는 심미적이고 미학적 요소가 풍부한 예배의식을 발전시켰다. 특히 동방교회는 요한계시록 4장과 5장에 기록된 천상예배를 표현하는 데 주력했는데, 이것이 그들의 동방적 세계관과 다소 공통점이 있었기 때문이다.

반면 서방교회의 초기 예배는, 로마인들의 실용주의 정신의 영향으로 지나친 의식을 배제하고 단순한 형태로 진행되었다. 서방교회 예배의 가장 큰 특징은 장엄함이었다. 장엄함에서 나오는 아름다움과 하나님 임재의 느낌 등은 서방교회의 단순한 예배를 살아 있게 하는 중요한 내용이었다. 하지만 시간이 흐르면서 서방교회의 예배도 복잡한 순서를 포함하기 시작했다. 5세기부터 성체를 들어 올리거나 종을 울리고, 촛불과 향을 사용하며, 무릎을 꿇는 것과 같은 의식들이 서방교회의 예배 가운데 도입된 것이다. 또한 니케아 신조가 만들어진 4세기부터는 예배 가운데 신조를 사용하는 순서도 포함되었다.

9세기부터 15세기까지 중세교회의 예배는 다양하게 발전했다. 예배의식이 정교하게 발전했고, 교회의 건축양식과 장식물, 건물 내부의 기물에 이르기까지 화려하고 장엄한 모습으로 바뀌었다. 조명과 향, 보석으로 장식된 제단, 황금으로 만든 성배, 그리고 다양한 예배 자료를 사용했다. 이렇게 다양하게 발전하던 예배는 점차 하나의 통일된 예배의식으로 정형화되기 시작했다. 이는 교황 그레고리 7세 때부터 1570년 트렌트 공의회(the Council of Trent)에서 로마 미사경본(Roman Missal)이 발표될 때까지, 중세 후기에 해당하는 기간에 진행되었다. 1570년 이후 로마교회는 하나의 완성된 의식서를 갖게 되었고, 이 예식은 종교개혁자들의 것과 비교되며 나중에 로마 가톨릭 예배로 알려지게 된다.

신비를 강조한 예배의식

의식이 발전하면서 예배는 신비스러움을 강조하는 형태로 흘러갔다. 알렉산터 슈메만(Alexander Schmemann)은 이러한 중세 예배의 변화에 대해 이렇게 말한다.

> 시간이 갈수록 점점 더 이 신성한 행위, 신비스러움은 참여자들을 거룩하게 만드는 데 사용되었다. 제의의 외적인 조직의 발전과 회중으로부터 성직자(그 신비를 수행하는 자)를 점차 구별하는 태도, 의식을 통해 집례자를 신비적이고 두렵고 거룩한 존재로 보이게 강조하는 것, 의례적인 정결, 범접할 수 없는 상태, 속된 것에 대해 성스러운 것을 강조하는 태도 등에서 가장 두드러지게 나타난다.

신비적 요소를 강조하는 예배에서 회중의 역할은 축소될 수밖에 없다. 중세 초기만 해도 어느 정도 회중의 예배 참여가 있었지만, 시간이 흐르면서 회중은 수동적인 예배자로 전락하고 말았다.

로버트 웨버는 중세 예배가 신비성을 추구하게 된 원인을 세 가지로 지적한다.

- 첫째, 콘스탄틴 황제 이후 교회 안으로 많은 이교적 축제와 관습이 들어온 것
- 둘째, 예배의 언어로 일상의 용어가 아닌 라틴어를 사용한 것
- 셋째, 미사가 산 자와 죽은 자들을 위해 드리는 '제사'라는 생각이 확대된 것

웨버가 지적한 대로 중세시대 때 예배를 하나의 '제사'로 여긴 것은, 당시의 예배가 얼마나 변질되었는지 잘 보여 주는 단면이다. 예배의식이 화려하고 장엄해질수록, 중세교회의 예배신학은 초대교회의 모습과 확연히 달라져 갔다. 구약시대 제사장 중심의 예배신학에서 탈피한 초대교회가 중세에 접어들면서 다시, 예수 그리스도가 아닌 사제에게 중재자의 역할을 맡기는 변질과 타락을 범한 것이다. 신비성을 강조하기 위해 예배 가운데 더 많은 이교적 요소를 받아들이면서, 중세교회는 초대교회의 모습에서 더욱더 멀어지는 결과를 낳고 말았다.

세례 성례전(Sacrament of Baptism)

초대교회에서는 세례 성례전을 종종 강이나 개인 집의 목욕탕에서 집례했다. 하지만 기독교가 로마의 국교가 되면서부터 세례 성례전은 세례당(Baptistry)라고 불리는 특정 공간에서만 진행되었다. 일반적으로 세례당은 예배당과 연결된 별도의 건물에 마련되었다. 가장 일반적인 세례당의 형태는 팔각형이었는데, 이는 그리스도가 팔 일째 되는 날 새로운 창조를 하셨음을 상기하기 위한 것이었다. 처음에는 성인들의 세례 성례전이 대부분이었지만, 점차 성인들의 세례가 줄어들다가 9세기경에는 거의 유아 세례를 주는 자리가 되고 말았다. 세례당의 커다란 세례조가 어린이 세례를 위한 자그마한 세례조로 대체된 것이다.

독특한 것은 이 시기에 사람들이 세례 성례전을 '죄를 씻는 신비한 의식'으로 생각했다는 점이다. "세례를 받기 전에 죽은 어린이는 어떻게 되는가?"라는 질문이 중요한 이슈가 될 만큼 세례는 죄를 씻어 주는 신성한 의식으로 자리 잡게 되었다. 그래서 부모들은 자신의 아이가 세례 성례전을 받지 않고 죽는 것을 매우 두려워했다. 심지어 태어난 즉시 세례를 줄 정도였다. 이는 세례 신학이 심각하게 훼손된 데서 나타난 대표적인 현상이었다.

'세례 성례전이 신비스러운 원죄의 제거'라는 생각은 '세례반에 들어 있는 물이 특별하고 신비롭다'는 생각으로 확장되었다. 이 때문에 사람들이 세례반에 들어 있는 물을 마술이나 약을 만드는 데 사용하려고 훔쳐가는 웃지 못할 일들이 벌어졌다. 결국 이런 일을 막기 위해 교회는 세례반을 덮는 세례반 덮개를 만들어 열쇠로 잠가 놓았다. 이렇게 사용되기 시작한 세례반 덮개는 화려하게 장식되면서 또 다른 상징물로 자리 잡게 되었다.

성만찬 성례전(Sacrament of Lord's Supper)

성찬 성례전의 변화는 중세 예배의 변화에서 가장 중요한 핵심이다. 초대교회의 성찬 성례전은 유대교의 예전과 구별되는 기독교의 독특한 의식이었다. 성만찬 예전은 우리를 위해 완전한 희생제물이 되어 주신 예수 그리스도를 기념하고 그분이 하신 일을 재연함으로써 그리스도인에게 더는 제사가 필요 없음을 재확인하는 예식이다. '삶으로 나아가는 예배'를 확인해 주는 것이 바로 성만찬 예식이다.

하지만 중세의 성만찬 예전은 그와는 전혀 달랐다. '성만찬은 그리스도의 희생'이라는 생각이 들어오면서 성만찬을 '또 하나의 제사'로 인식하기 시작한 것이다. 즉, 향기로운 제사로 하나님께 드리는 것이 성만찬 예전이라는 것이다. 이는 분명한 왜곡이었다. 더는 희생제사가 필요 없다는 사실을 강조하고 확증하기 위해, '단번에 이루신 온전하신 예수 그리스도의 희생을 기억하고 기념하는 것'으로 시행한 성만찬 예전을 하나님께 드리는 제사로 생각한 것이다. 당연히 그리스도의 몸과 피야말로 하나님이 받으시기에 가장 합당한 제물이라는 해석도 뒤따랐다.

이러한 의식의 변화와 함께 나타난 것은 성만찬을 집례하는 자세의 변화였다. 초대교회에서는 성만찬을 집례할 때, 집례자가 회중을 마주 보았다. 이는 우리가 그리스도의 희생으로 온전해졌음을 확증하기 위한 가장 좋은 자세였다. 하지만 제사적 성격을 강조하기 시작한 중세 때부터 성만찬 집례자는 회중을 뒤로하고 제단을 향해 서게 되었다. 짐승 제물을 그리스도의 몸과 피로 바꾼 제사가 성만찬 예전의 이름으로 제사장적 예배신학을 그대로 재현한 것이다.

이렇게 성만찬이 포함된 미사의 효력을 지나치게 강조하면서 교회는 필요 이상으로 많은 미사(성만찬이 포함된)를 강요하게 되었다. 화목제사로서의 개념을 갖게 된 미사는 하나님 앞에 일정한 가치를 갖는 것으로 여겨졌고, 사람들은 두 번 미사를 드리는 것이 한 번 드리는 것보다 '두 배의 효력'을 가진다고 생각했다.

'성만찬이 포함된 미사를 자주 드리는 것이 경건한 모습'이라는 생각 때문에 교회에서는 끊임없이 미사가 이어졌고, 사제들은 사례비를 받고 특정 대상(산 자, 병자, 혹은 죽은 자)을 위한 미사를 드렸다. 이를 위해 더 많은 제단이 필요하게 되자 중세교회는 동쪽마다 제단을 만들었고, 그 때문에 한 예배당에 여러 개의 제단을 설치하는 독특한 건축양식이 나타나게 되었다. 결국 역동적이던 예배는 '미신'으로 탈바꿈했고, 성직자나 회중 모두 예배와 성만찬의 참 의미를 상실하고 말았다.

헌신을 강조한 예배

중세교회의 예배에서 교회의 미사(예배)와 더불어 중요한 또 하나의 요소는 바로 수도원 운동이다. 수도원 운동은 중세에 나타난 대표적인 기독교 운동이었다. 수도원 운동은 '삶 전체를 통해 하나님께 예배해야 한다'는 초대교회의 확신에서 출발한 것이지만, 그 결과는 앞에서 살펴본 다른 변질된 모습들과 별반 다를 것이 없었다.

수도원 운동의 기본 전제는 기도와 헌신을 삶의 유일한 내용으로 파악하는 것이었다. 즉, 수도원 수사들이 이해하는 '삶으로 드리는 예배'란 끊임없이 기도하는 것이 전부였다. 삶의 모든 것은 기도의 부수적 요소라고 생각한 것이다. 이런 생각 때문에 수도원에서도 기도를 또 하나의 제사로 여기는 경향이 나타나고 말았다.

수도원 운동은 교회의 세속화에 대항해서 시작된 운동이었다. 그러나 수도원 운동도 미사 대신 기도를 제사로 본 것만 다를 뿐, 예배의 태도 면에서는 기존 교회의 예배신학과 다를 바가 없었다. 수도원 운동은 기도문의 발전과 다양한 기도 규칙서의 출현에 큰 공헌을 했으며, 노래로 드리는 기도인 찬양의 내용에서도 하나님께 드리는 헌신을 강조했다. 시간이 갈수록 수도원 운동은 개인의 경건을 계발하는 데에만 관심을 둘 뿐, 그리스도인이 공동체와 삶 속에서 어떻게 하나님께 영광을 돌릴 것인가에 대해서는 점점 무감각해졌다.

중세교회의 예배는 초대교회의 예배에 대한 확신과 자신감이 사라진 무감각한 예배였다. 예배의식은 화려하고 장엄하게 발전했지만, 정작 그 안에 담긴 예배신학은 초대교회가 가졌던 기쁨을 상실하고 말았다. 사제가 중재자가 되어 예수 그리스도의 피와 살을 담보로 하나님과 거래하는 신학적 변질과 쇠퇴가 도래한 것이다.

지금까지 살펴본 것을 통해 종교개혁자들이 무엇 때문에 중세 예배에서 미신적 요소와 신비적 요소를 제거하기 위해 그토록 애를 썼는지 충분히 이해할 수 있을 것이다. 다시 말하지만, 교회의 타락은 언제나 예배의 타락과 연결되어 있다. '예수 그리스도의 희생을 통해 하나님과 완전히 화목하게 되었다'는 신념이 퇴색하고, '하나님께 무엇을 드려야만 한다'는 강박관념에 사로잡힐 때마다 교회는 변질되었다. 이것이 중세교회의 예배가 지금 우리에게 주는 교훈이다. 오늘의 한국교회를 생각할 때마다 중세교회가 자꾸 떠오르는 것은 혼자만의 착각일까?

의식과 삶이 조화롭게 어우러지는 예배

| '예배 회복'의 관점에서 바라본 종교개혁

'종교개혁은 실제로 예배개혁이었다'라고 말한다면 지나친 것일까?

사실 좁은 개념의 예배만을 생각하는 사람은 이 말을 이해하기 어려울지도 모르겠다. 예배학자 중에도 예배의 범위를 '기록된 예식서들'(written liturgies)로 한정하는 이들이 있기 때문이다.

하지만 예배의 범위를 더 넓게 보는 학자들도 많다. 존 버크하르트는 예배를 "하나님께서 하신 것, 하시고 계시는 것, 그리고 하시기로 약속하신 것에 대한 인간의 흥겨운 응답"이라고 말한 바 있다. 그의 이러한 관점은 인간이 하나님께 드릴 수 있는 모든 형태의 응답을 포함하는 것이다. 버크하르트와 동일한 입장에서, 프린스톤 신학교의 엘시 맥키(Elsie McKee) 교수는 "예배는 인간이 하나님께 드리는 근본적인 존숭의 표현이며, 하나님을 하나님으로서 인정하고 그를 섬기는 모든 형태의 인간행위"라고 예배를 정의한다. 그리고 이러한 관점 위에서 그는 "16세기 개신교 종교개혁의 중심은 예배개혁이었다"라고 주장한다.

사실 맥키 교수의 주장이 놀랄 만한 것은 아니다. 넓은 관점에서 예배를 보면, 종교개혁의 중심에 '예배개혁'이 분명하게 자리 잡고 있기 때문이다. '오직 하나님께만 영광을'(soli Deo gloria!)이라는 종교개혁의 모토 자체가 이미 '예배'를 암시하고 있지 않은가!

우리는 지금까지 넓은 관점에서 예배 역사를 탐구해 왔다. 이번 마지막 장에서도 동일한 관점으로 종교개혁자들이 중세교회의 예배를 개혁하기 위해 무엇을 시도했는지 살펴보려고 한다. 이를 통해 16세기 종교개혁이 궁극적으로 예배개혁이었음을 확인하게 될 것이다.

희생제사와 인간의 중보를 반대하는 예배신학

앞에서 살펴본 대로 중세시대 예배의 변질은, '예수 그리스도의 희생을 통해 단번에 하나님과 완전히 화목하게 되었다'는 초대교회의 신념이 퇴색하면서 '인간이 하나님께 무언가를 드린다'는 희생제사 개념이 부활하고 '하나님께 무엇을 드려야만 한다'는 강박관념에 사로잡힌 것이 주된 원인이었다.

마르틴 루터와 울리히 츠빙글리, 존 칼빈 같은 종교개혁가들이 주목한 것도 바로 이 점이었다. 그들은 중세교회가 안고 있는 문제의 중심부에 '어떻게 하나님께 올바로 예배를 드릴 것인가?'에 대한 심각한 신학적 오해가 있다고 진단했다.

종교개혁가들의 눈에 비친 중세교회는, 하나님 한 분만을 신뢰하는 대신에 자신의 구원을 위해 특별한 공헌을 해야 한다고 가르침으로써 하나님을 불명예스럽게 하고 (심지어) 부인하고 있었다. 미사의 집례 같은 신비스러운 예식, 살아 있는 사제의 중보, 죽은 성인을 통해 구원을 얻는 것은 그리스도 안에 계시된 하나님의 은총(God's mercy in Christ)을 인간의 행위와 맞바꾸는 '우상숭배와도 같은 일'이었다.

'인간은 그의 행위와 공헌을 통해 구원에 이른다'는 중세교회의 왜곡된 신학은 면죄부 판매에서 정점에 이른다. 면죄부 판매를 실질적으로 담당한 수도사 존 테첼(John Tetzel)은 면죄부가 인간을 '죄인들의 세례보다 더 깨끗하게 만들고, 타락 이전의 아담보다 더 순결하게 만들 뿐만 아니라 면죄부를 판매하는 자의 십자가는 그리스도의 십자가만큼 효력이 있다'고 선전했다고 한다.

중세교회는 이외에도 인간의 공로를 강조하는 수많은 예식을 갖고 있었는데, 그중 하나가 죽은 성인들을 통한 중보였다. '죽은 성인들이 특별한 어려움에 처한 사람에게 중보적 역할을 해준다'는 사상이 그것이다. 죽은 성인이 자신의 어려움을 대신 감당해 주고 하나님께 중보까지 해줄 거라는 믿음이 중세교회 안에 퍼져 있었다. 마르틴 루터가 비텐베르크 성당에 95개 조항을 게시하는 날로 1517년 10월 31일, 즉 만성절(All Saints Day) 전야를 택한 것도 나름대로 이러한 성인사상에 대한 반대를 표현하는 상징적 행위였다.

루터는 '교회의 바벨론 유수'라는 글에서 미사를 악습 혹은 폐해 라고 말했다. 중세의 예배관이 미사를 그리스도의 희생의 반복으로 보고 있었기 때문이다. 중세의 회중은 미사를 통해 치유와 연옥으로 부터의 해방, 그리고 (다른 주술적 결과를 포함한) 모든 종류의 은혜와 유익을 얻기를 기대하고 있었다. 심지어 미사조차 자신이 직접 참여 하지 않고도 '중재자'인 사제를 통해 대신 드릴 수 있었다.

종교개혁자들은 이런 현상이 기독교 메시지의 핵심을 뒤흔들고 '은총의 종교'인 기독교의 본질을 왜곡시킨다고 비판했다. 하나님의 은혜가 아닌 다른 것에서 구원을 찾으려는 중세교회의 노력은 하나 님을 하나님으로 인정하기를 거부하는 것이며 결국 우상숭배와 같다 는 것이다.

그러므로 예배 형식에 관해 약간의 이견들은 있었지만, 종교개혁 자들은 '올바른 예배가 무엇인가?'라는 근본적인 질문에 모두 다음과 같은 동일한 대답을 했다. "인간의 공로만으로 하나님께 다가갈 수 없으며, 그리스도를 통하지 않고는 하나님께 나아갈 수 없다."

이 말은 잘 알려져 있는 종교개혁의 모토로 다시 표현할 수 있을 것이다.

오직 그리스도로(Christ alone),

오직 믿음으로(faith alone),

그리고 오직 은총으로(grace alone).

이해를 추구하는 예배신학

중세교회는 "어떻게 하는 것이 예배를 잘 드리는 것인가?"라는 질문에 "모든 순서를 제대로 빠짐없이 잘 해 나가는 것이 예배를 잘 드리는 것이다"라고 대답하는 교회였다. 그런데 지금도 '재연'을 잘 하는 것을 예배를 잘 드린다는 것과 동일하게 여기는 경우가 많다. 예를 들어, 유교문화의 경우에도 '제사를 잘 지내는' 것은 '정해진 시간에 정해진 음식을 정해진 자리에 잘 마련해 놓고 정해진 방법에 따라 행하는' 것을 의미한다. 정해진 자리에 음식을 놓지 않으면 '제사를 잘 드리지 못했다'고 말한다. 이런 예배관을 '극화'(enactment)의 예배신학이라고 부른다. 이는 희생제사를 중요하게 다루는 종교들에서 나타나는 예배사상이다. 그러므로 희생제사(미사)를 강조하던 중세교회가 이런 예배신학을 추구한 것은 당연한 일이었다.

중세 때 미사를 잘 드리는 것은 정해진 순서에 따라 (사제가 성체를 높이 드는 것이나 감사의 기도를 드리는) 모든 순서를 차질 없이 진행하는 것이었다. 예배에서 그들의 관심은 "성체가 실제로 변화하는 것은 언제인가? 사제가 성체를 높이 들어 올릴 때인가? 아니면 감사의 기도를 드리는 순간인가?"에 있었지 "예배를 통해 내가 무엇을 이해하는가?"에 있지 않았다. 천 년이 넘게 알아듣지 못하는 라틴어로 예배하고 있으면서도 그것이 중세교회 안에 전혀 문제시되지 않은 것 역시 '극화'의 예배신학 덕분이다. 당시 미사 참여자들은 그저 '사제가 무엇을 하고 있으며 우리를 위해 무언가 이뤄지고 있다'는 사실만으로 기뻐할 뿐이었다.

그러나 인문주의의 영향을 받은 종교개혁자들은 '올바른 예배란 이해를 통해서만 가능하다'는 진단을 내렸다. 즉, '제대로 드린 예배'를 '이해할 수 있는, 이해가 가능한 예배'로 정의한 것이다. 당시 혁명적이었던 그들의 관점은 인문주의가 교회에 가져다준 선물이었다. 그래서 종교개혁자들은 이해할 수 없는 예배(미사)의 개혁을 시도하기 시작했다. 먼저 라틴어로 드려지던 예배를 이해가 가능한 모국어로 드리도록 했다. 물론 성경도 모국어로 번역하기 시작했다. 모든 예배의 표준은 "이해할 수 있는가?"였으며, 이런 기준에 의해 유아 세례를 받은 사람이 성인이 되어 입교를 받을 때에도 "이해할 수 있는 나이인가?"를 중요한 잣대로 삼았다.

하지만 종교개혁자들의 주장에도 문제점이 있었다. 이해한다는 것이 무엇을 의미하는지, 그리고 그것이 인간에게 가능한 일인지에 대한 의문이 제기된 것이다. 다시 말해서 "인간은 정말 모든 것을 이해할 수 있는 존재인가?"라는 치명적인 질문 앞에 서게 된 것이다.

그래서 칼빈은 온전히 이해하는 것이 가능하려면 '성령의 도우심'이 반드시 필요하다고 강조했다. 그래서 그는 예배를 시작할 때와 성경말씀을 읽기 전, 그리고 성만찬을 집례할 때면 언제나 '성령의 임재를 위한' 기도를 드렸다. 성령의 도우심을 통해서만 온전한 이해가 가능하다고 믿었기 때문이다. 이해를 강조하는 예배신학은 바로 종교개혁이 우리에게 준 값진 선물 중 하나였다.

성경에 표준을 두는 예배신학

예배에 관해 종교개혁자들이 우려한 또 다른 문제는 극화된 예배가 만들어 내는 부작용이었다. 즉, 중세교회가 줄기차게 유지해 온 '예배 행위가 우리의 믿음과 행동을 만든다'는 모토에 대한 위기감이었다. 실제로 당시 교인들은 미사와 예배 행위를 통해 자신의 믿음과 행동을 형성해 가고 있었다. 예를 들어, 만성절을 지키면서 그들은 성인들에 대한 신뢰와 성인들의 중보에 대한 기대를 신앙으로 삼고 있었다.

잘못된 예식과 예전이 잘못된 신앙과 신학을 양산하는 상황이었다. 이런 가운데 종교개혁자들은 새로운 예배의 모토를 제시했는데, 바로 '신앙이 예배 행위를 만들어 가야 한다'는 것이었다. 즉, 올바른 신앙이 우선이고 그 신앙과 믿음 위에서 예배를 만들어 가야 한다는 것이었다.

그래서 종교개혁자들은 성경을 올바른 신앙의 표준으로 삼아야 한다고 주장했다. 성경을 표준으로 삼아 올바른 신앙을 회복하고 그 잣대 안에서 예배를 만들어야 한다는 것이다. 이는 즉 예배가 신앙을 조정하는 중세교회와는 반대로 '성경을 통해 얻은 신앙이 예배를 조종하게 하자'는 것이었다. 그래서 종교개혁자들은 성경에 근거해서 예배를 개혁하려고 했다. 예배 예전 개혁의 잣대는 언제나 성경이었다. 여기에서 종교개혁자들의 또 다른 모토가 떠오른다. 오직 성서만으로!(Scripture alone)

삶을 강조하는 예배신학

소요리 문답은 이렇게 시작된다.

"사람의 첫째 되는 목적은 무엇입니까?"

"사람의 첫째 목적은 하나님을 영화롭게 하고, 영원토록 그를 즐거워하는 것입니다."

종교개혁자들은 희생제사와 사제의 중보에 치우친 중세교회에게 다시 초대교회의 신앙으로 돌아갈 것을 강조했다. 삶을 통해 봉사하는 예배신학을 주장한 것이다.

칼빈을 비롯한 종교개혁자들은 하나님을 신뢰하고 이웃에게 전심으로 봉사하는 일이 옳은 예배이며, 기독교인이 진정으로 해야 하는 희생(산제사)임을 분명하게 알고 있었다. 칼빈은 진정한 예배를 십계명에 두 가지로 요약된 위대한 율법, 즉 하나님을 사랑하는 것과 이웃을 사랑하는 것으로 정리하고, 성령으로 거듭난 기독교인에게 나타나는 경건한 믿음의 응답인 예배는 이 두 가지에 의해 구체적으로 나타난다고 생각했다. 물론 하나님을 사랑하는 것이 우위에 있지만 그 권위는 이웃을 사랑하는 것에 의해 검증된다. 그래서 칼빈은 '헌신과 예배의 행위'가 '이웃을 위한 정의와 사랑의 행위'와 역동적 긴장 관계에 있다고 보았다.

우리가 알고 있는 '율법의 제3사용'(the third use of the law)이 칼빈의 예배신학에서 중요한 위치를 차지하는 것은 그 때문이다. 칼빈의 이 사상은 하이델베르크 요리문답에도 잘 나타나 있다. 하이델베르크 요리문답의 3부 '감사하는 일'에서 십계명을 설명한 것은 결코 우연이 아니다. 칼빈이 스트라스부르에서 행한 예배 순서를 보더라도 십계명은 항상 죄의 고백 뒤에 위치했다. 십계명을 '죄를 상기시키는' 것이 아니라 죄를 용서받은 사람이 '주님을 위해 일하도록 격려하는' 것으로 사용한 것이다.

종교개혁자들은 이렇게 '삶을 통한 예배'를 한 마디로 '소명'(calling)으로 표현했다. 자신이 맡은 일은 언제나 하나님께 드리는 예배가 된다는 것이다. 예배의 자리를 예배당이 아닌 삶의 자리로 확장한 것이다. 새롭게 나타난 것은 아니었지만, 공로사상으로 왜곡된 중세시대에 이 사상은 전적으로 새로운 것이었다. '인간적 노력이나 공로가 아니라 그리스도를 통한 하나님의 은총으로 구원을 얻었고, 우리가 삶에서 무엇을 하는 것은 하나님께 공로를 드리기 위함이 아니라 구원받은 자녀로 감사하며 살아가기 위한' 것이라는 가르침은 종교개혁 예배신학에서 중요한 자리를 차지한다. 이런 의미에서 종교개혁자들의 또 다른 모토는 의미가 있다. 오직 하나님의 영광을 위하여!(soli Deo Gloria)

종교개혁자들이 주장한 예배신학은 한마디로 "초대교회로 돌아가자"는 것이었다. 예수 그리스도 외에는 더 이상의 희생제물이 필요 없으며 그리스도의 희생만으로 우리는 완전히, 단번에 구속되었다는 초대교회의 신앙선언을 회복하자는 것이었다. 그리고 더 나아가 "이제 우리가 드려야 할 진정한 예배는 우리의 삶이다"라는 초대교회의 확신으로 돌아가자는 것이었다. 중세교회의 예배가 극화의 예배신학 속에 머물러 있을 때 이해를 추구하는 신학으로 예배를 설명하려던 시도는 분명 종교개혁자들의 공헌이다. 그들 사이에도 분명히 예배에 관한 이견들이 있었지만, 대부분 종교개혁자는 초대교회의 바른 예배신학으로 돌아가기 위해 애썼고 성공적인 열매를 맺었다.

종교개혁을 거친 뒤 기독교의 예배는 여러 갈래로 복잡다단하게 나뉘어졌기 때문에 그 이후의 예배 역사를 정리하기란 쉬운 일이 아니다(예배학자인 제임스 화이트는 종교개혁 이후에 나타난 개신교 예배를 9가지로 정리했다). 그러나 한마디로 말하자면, 종교개혁 이후에 삶을 강조하는 예배신학은 극단적으로 발전했다고 할 수 있다. 안타깝게도, 삶으로 드리는 예배를 강조하려다가 다시 변질되고만 것이다. 가장 대표적인 예가 바로 청교도 예배다. 청교도 예배는 종교개혁가들의 예배신학을 더 철저하게 공식화하려다 도리어 멀어지고 말았다. 삶으로 드리는 예배를 강조하다가 '삶의 율법화'에 빠진 것이나, 성서의 표준을 철저하게 적용하다가 교회의 소중한 유산을 잃어버린 것은 안타깝기까지 하다. 예배서를 버린 것도 마찬가지다. 예배서의 부작용을 우려하다가 예배서가 주는 이익마저 포기해 버린 것이다. 이렇게 시간이 지나면서 계속해서 변질의 요소가 나타나는 것은 어쩌면 우리 인간의 굴레인지도 모르겠다.

마지막으로 지금까지 예배의 역사를 살펴보면서 발견한 것들을 정리해 보자.

첫 번째는 끊임없이 제사로 흘러가려는 경향성이다.

초대교회와 사도들이 '예수 그리스도께서 완전한 희생제물이 되셨다'고 끊임없이 강조하고 '더 이상의 희생제물이나 제사가 필요없다'는 점을 분명히 했음에도, 교회는 늘 구약 제사와 흡사한 예배의 식을 개발하는 자리에 섰다. 예수님을 유일한 중재자로 여겼던 초대교회와 달리 하나님과 회중 사이에 예수 그리스도 이외의 중재자(대표적으로 성직자)를 요청하는 변질을 경험한 것이다.

두 번째는 첫 번째와 정반대되는 특징인데, 삶의 예배를 끊임없이 과격하게 적용하려는 경향성이다. 이는 청교도들의 경우처럼, 하나님께 영광 돌리며 산다는 것을 특정 잣대로 규격화하고 율법화해서 모든 사람에게 적용하는 것을 말한다. 이런 율법적 잣대는 결국 또다시 사람들의 자유를 빼앗고 불필요한 죄의식에 시달리게 할 뿐이다.

따라서 기독교의 예배란 의식(ceremonies) 속에서 '제사'가 되려는 경향과 삶(life) 속에서 '율법'이 되려는 경향 사이에서 좌로나 우로나 치우치지 않고 제자리를 지켜야 하는 것이다. 의식과 삶의 균형과 상호보완이 필수적이라는 의미다. 예배는 의식에만 갇혀 있어도 안 되고, 삶만 강조하다가 의식의 의미를 잃어버려도 안 된다. 그것은 21세기에 들어선 한국교회의 예배에도 동일하게 해당된다.

지금 우리는 빠르고 다양한 예배의 변화를 경험하고 있다. 열린 예배나 구도자 예배는 물론, CCM 가수와 찬양사역자들이 자유로운 분위기 속에서 진행하는 '콘서트 예배'도 '한물간' 유행처럼 느껴지는 시대다. 이제는 컴퓨터와 인터넷 기술의 발전으로 물리적 공간에 사람들이 모이지 않고 드려지는 '사이버(cyber) 예배'까지 등장하고 있다. 이런 예배의 흐름이 우리에게 시사하는 바는 무엇일까? 우리 주위에서 일어나고 있는 새로운 예배 경향들은 과연 어떤 신학을 내포하고 있는 것일까? 현대의 예배신학은 과거의 그것들과 비교할 때 무엇이 얼마나 다를까?

다른 사람은 몰라도 담임목사만큼은 이런 다양한 질문들을 통해 우리 곁에 다가온 예배의 경향들을 주의 깊게 분석하고, 자신이 섬기는 공동체 예배의 미래를 예상해 보는 시간을 끊임없이 가져야 한다.

제임스 화이트는 예배의 미래를 예측하면서, "예배는 언제나 그 시대에 맞게 새로운 형태로 나타난다"라고 말했다. 예배는 계속해서 변화되고 있다는 말이다. 당신은 그것을 인식하고 있는가? 문제는 "우리의 예배가 어떤 모습으로 변하고 있으며, 어떤 모습으로 변할 것인가?"다.

다양하고 새로운 예배 형태 속에서 어디로 가야 할지 길을 잃은 것처럼 느낄 수 있겠지만, 예배의 역사 가운데 면면히 흐르는 예배 정신과 초점만 명확하게 붙잡는다면, 동시대적이면서도 올바른 예배신학 위에 드려지는 공동체 예배를 하나님께 드릴 수 있을 것이다.

김진호 목사는 한국 복음성가의 고전인 "우리에게 향하신", "너의 하나님 여호와가"의 작곡자이자 예수전도단이 한국에서 최초로 예배학교를 시작하는 데 중요한 역할을 감당한, 예배 회복과 갱신 운동의 개척자 중 한 사람이다.

예수전도단에서 하나님의 은혜를 체험하여 간사로 섬기다가, 신학 수업을 받고 숭실대학교 교목(전도사)을 거쳐, 장로교 총회(통합) 파송 선교사로 필리핀 YWAM(국제 예수전도단)에서 대학사역을 개척했다(1984년부터 1988년까지). 그 당시 다양한 나라의 선교사와 함께 예배하던 그는, 한국 교인들에게는 예배자라는 신분 개념이 없는 것에 놀라면서 예배가 숨겨진 보물임을 깨닫는다. 그리고 그 보물의 아름다움을 그리스도의 몸에 드러내는 것이 자신의 사명임을 깨닫고, 교회와 선교와 삶과 세상을 하나로 인식하며 자신을 드리는 예배자를 일으키고자 헌신해 왔다.

현재 뉴저지 예수마을 교회의 담임목사이자 미국 다리놓는사람들 대표로서 21세기의 로마인 뉴욕 맨해튼을 향한 주님의 꿈을 이루어 드리고자 만년 청년의 가슴으로 섬기고 있다. 한숙자 사모와의 사이에 하나님이 찾으시는 예배자로 자라고 있는 하은, 하영, 하람 세 자녀를 두었고, 저서로는 《그 집에서 만난 복음》, 《예배자의 마음 기르기》(이상 예수전도단), 《예배와 구원》, 《예배와 영성》, 《예배와 삶》(이상 다리놓는사람들), 《흔들리는 신앙, 그 중심을 잡아라》(두란노) 등이 있다.

3부

담임목사가 가져야 할 예배 영성

김진호

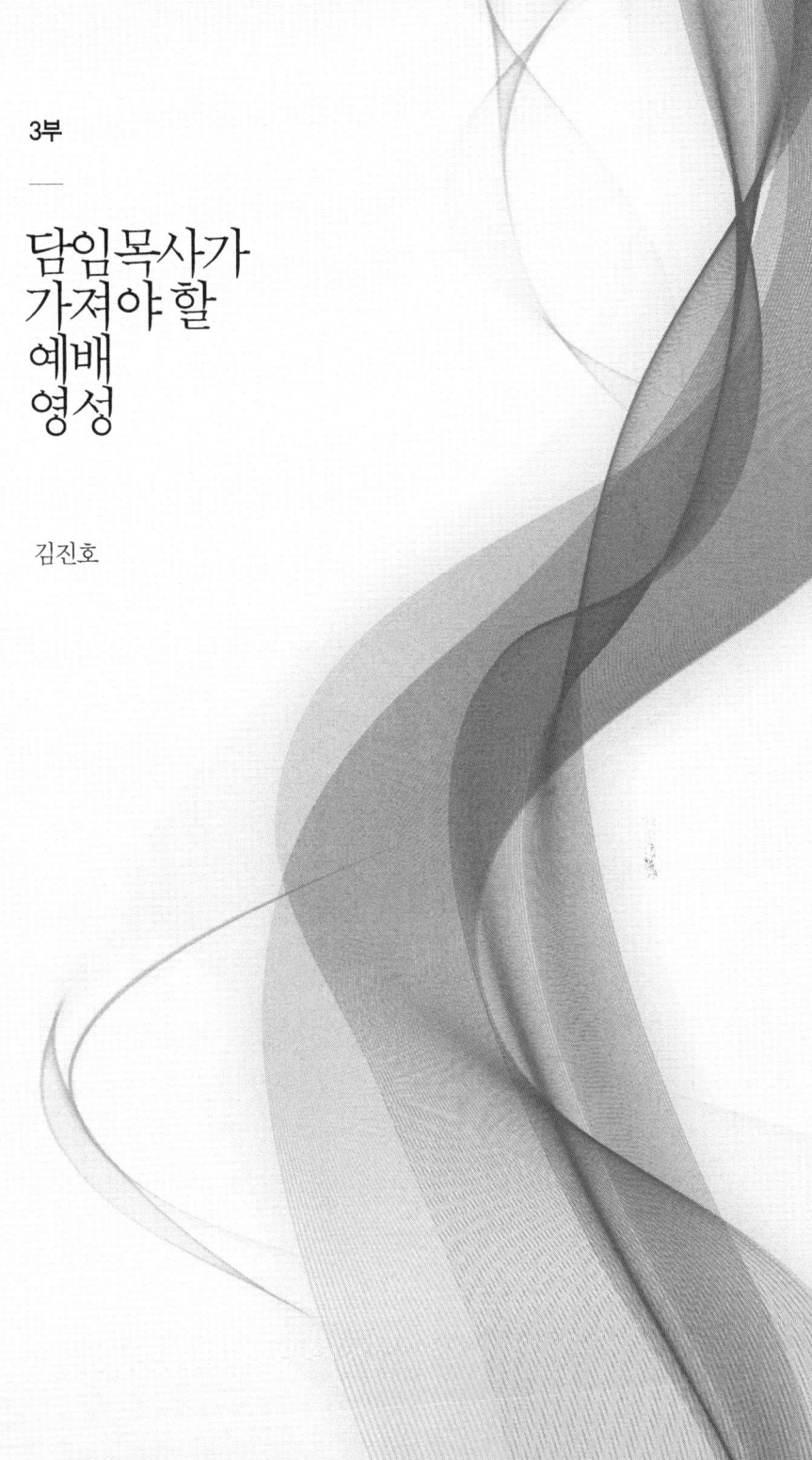

9장 담임목사도 예배자다

예배가 '일'이 되지 않으려면

예배에 지친(?) 사람들

'과유불급'(過猶不及)이라는 한자성어가 있다. 논어에 나오는 말로, '너무 지나치면 아예 모자란 것과 매한가지'라는 의미다. 생활수준이 향상되면서 질 좋고 영양만점인 먹거리가 풍성해졌지만, 오히려 영양과다로 각종 질병과 성인병을 앓는 사람이 많아진 것이 대표적인 예라 하겠다. 이러한 과유불급은 영적인 측면에서도 나타난다. 신앙생활의 기본이자 핵인 예배를 볼 때, 지금 한국교회는 '예배 과유불급'의 상태에 놓여 있다. 예배의 '홍수 시대'를 살고 있다는 말이다.

전 세계의 모든 교회가 그렇겠지만, 한국교회는 유독 예배를 사랑한다. 그래서 시대와 세대가 바뀌어도 변함없이 수많은 예배를 드리고 있다. 주일에는 오전 1부와 2부 예배, 오후예배, 저녁예배로 모이고, 주중에는 새벽예배와 수요예배, 금요예배로 모인다. 목회자가 각 가정을 심방해서 드리는 예배까지 포함하면 일주일 동안 최소한 15-20회 정도는 예배를 드린다는 이야기다. 가족 구성원이 저마다 바빠서 마주 보고 대화할 시간조차 없는 요즘 같은 시대에 실로 놀라운 일이 아닐 수 없다.

하나님을 예배하는 것에 신앙생활의 중심과 우선순위를 두는 것은 분명히 가치 있고 귀한 일이다. 한국교회의 놀라운 부흥이 예배를 사모하며 새벽을 깨운 수많은 성도의 기도 덕분임을 부인할 사람은 없을 것이다. 하지만 그렇게 자주 예배를 드리는 것의 문제점도 불거지기 시작했다.

물론 많이 예배를 드리는 것 자체에는 아무런 문제가 없다. 문제는 그로 말미암아 종교적 형식과 예식 안에서 예배를 익숙하게 느끼게 되면서, 주님과의 만남을 통해 예배 경험으로 받는 감동에서 멀어지고 있다는 데 있다. 언제부터인가 예배가 '프로그램'으로 변질되고 사람의 감동에 초점을 맞추는 경향이 강해지면서 하나님의 임재 앞에서 영과 진리로 드리는 예배, 하나님이 감동하시는 상한 심령의 회개와 회심, 진리 앞에 반응하는 '삶으로 드리는 예배'의 은혜를 누리는 아름다운 변화들을 보기 드물게 되었다.

숱하게 예배를 드림에도 삶이 따르지 않는 한국교회는 결국 '개독교'라 불리며 오히려 세상의 걱정을 받는 형편이 되어 버렸다. 그나

마 완전한 비판이 아닌 걱정이 남아 있는 것은 과거 교회의 교회다움이 가져다준 감사한 기억이 그들에게 남아 있기 때문이다. 예배에 관한 한국교회의 이러한 실존적 현상 속에서 주일만 되면 어김없이 예배하러 모이는 그리스도인들의 모습을 어떻게 이해하고 변화의 물꼬를 터야 할까? 지금 한국교회는 끝없는 예배의 반복과 예배 참석의 강요 속에서 열정과 기대를 잃고 '지쳐 버린' 것은 아닐까?

예배에 지친 것은 목회자들도 예외가 아닐 것이다. 설교의 부담감은 차치하더라도, 교회의 크고 작은 모든 예배에 다 참석해야 하는 이들이기 때문이다. 그러다 보면 아무리 목회자라도 자기도 모르는 사이 예배를 '일'로 여기게 되고, 종교적 습관을 따르는 '예배 기계'가 되어 가는 자기 모습을 보게 될 수밖에 없다.

예배자의 정체성이 흔들려서는 안 된다

요즘은 건강 때문이든 외모 때문이든 다이어트에 관심이 많다. 뭐니 뭐니 해도 가장 대표적인 다이어트 방법은 운동이다. 그래서 다이어트를 위해 적지 않은 비용을 들여 운동기구를 장만한다. 하지만 운동기구를 갖고 있고 언제든지 그것으로 운동할 수 있다는 생각에 (실제로는 전혀 하고 있지 않으면서도) 다이어트를 시작했다고 착각하는 사람도 많은 듯하다. 목회자도 이런 착각에 빠질 때가 있다. 언제부터

인가 예배인도와 예배 참석을 예배와 동일시하고, 실제로는 예배하지 않으면서 스스로 예배하고 있다고 여기게 된다. 그런 상태가 되면 설교 준비를 예배 준비로 생각하고, 온 회중과 함께 하나님의 임재를 경험하기보다 자신의 설교를 통해 은혜를 끼치는 데에만 관심을 갖게 된다. 그러다 보니 설교 이외의 순서, 예를 들어 회중 찬양이나 합심기도 시간에도 머릿속은 자신이 해야 할 설교에 몰입해 있다. 예배의 중심이 하나님이라는 것을 누구보다 잘 아는 목회자가 왜 이렇게 행동하는 걸까?

'예배 시간은 설교하는 시간이다'는 생각이 무의식적으로 밀려드는 이유는 목회자인 '내가' 회중에게 감동을 주어야 한다는 강박관념 때문이다. 원론적으로, 이러한 생각은 예배를 인도하는 사람이 하나님이 원하시는 예배자의 자리에서 이탈한 것이라 볼 수 있다. '선포된 말씀으로서 신언성(神言性)을 갖는 설교를 통해 하나님의 마음과 생각을 전하는 자'로서의 정체성에 안개가 낀 것이다. '내가 감동시켜야 한다'는 마음은 성령의 역사를 제한하며, 설교자가 회중 앞에서 엔터테이너처럼 행동하게 만든다. 예배를 인도하는 목회자가 예배자가 아닌 일꾼의 자리에 서게 되는 것이다.

설교자가 예배자로서 설교할 때와 일꾼으로서 설교할 때 회중이 느끼는 감동은 서로 전혀 다르다. 설교자는 자신이 말씀을 선포하지만 (자신이 준비한 것을 떠나) 그 역시 주님의 말씀을 듣는 자리에 서야 한다. 설교자 자신이 첫 번째로 감동받아야 한다. 그런 다음에야 회중에게 감동이 전달될 수 있다. 이를 분명하게 인식하고 설교를 준비하고 선포하는 이는 '영과 진리 안에서 선포되는 말씀을 받드는 수종자'로서 그 말씀에 대한 첫 감동의 복을 누리게 된다. 설교자에게 먼저 말씀이 '쉐마'(שמע)된 것이다. 먼저 '듣는' 특권 속에 감동받는다는 것이다.

순종의 히브리적 개념은 '쉐마'(들어라)라는 단어 가운데 용해되어 있다. 유대인들에게 있어서 화자(話者)의 말이 쉐마되었다는 것은 화자의 뜻에 따라 반응한다는 의미다. 하나님의 말씀이 들리는 것은 은혜다. 그래서 이렇게 명하셨다. "너희는 귀를 기울이고 내게로 나아와 들으라(쉐마) 그리하면 너희의 영혼이 살리라"(사 55:3).

설교자가 먼저 말씀을 듣지 못한다면 영혼을 살리는 말씀 선포자로서의 정체성에 문제가 있는 것이 아니겠는가? 만약에 그렇다면 설교자에게 설교는 예배(Worship)가 아니라 일(Work)이 되고 연설이 되어 버릴 것이다.

목회자도 연약한 인간이다. 따라서 목회자가 예배 가운데 이런 연약함의 기류를 탄다면 모든 것을 내려놓고, 엘리야가 호렙산 동굴에서 들었던 것과 같은 하나님의 세미한 음성을 '들어야' 한다.

다윗을 생각해 보자. 다윗이 사울의 위협을 피해 동굴 속에 숨어 있을 때, 용변을 보기 위해 사울이 바로 그 동굴로 들어왔다. 단칼에 사울을 죽이고, 다윗 자신에게 닥친 역경을 순경으로 전환할 기회가 찾아온 것이다. 하지만 다윗은 현장에서 계시하시는 하나님의 음성을 '들음으로' 그분의 마음을 따라 '순종한' 하나님을 경외하는 예배자였다.

그러나 이렇게 하나님의 마음을 따라 달렸던 다윗의 마음은 통일왕국의 통수권자로서 모든 백성의 흠모를 받던 인생의 절정기에 순식간에 무너지고 말았다. 우연히 왕궁 지붕 위를 거닐다가 한 여인이 목욕하는 모습을 본 뒤 날아든 정욕의 불화살에 그는 결국 간음과 살인을 저지르고 말았다. 하나님의 마음을 따라 달려가던 다윗의 마음에 찾아온 유혹의 강진은 예배자로서의 신분에 커다란 균열을 일으켰다. 그때 사탄이 그의 마음을 도적질하고 죽이고 멸망시키기 위해 순식간에 공격해 들어왔다. 뉴욕의 세계무역센터가 하루아침에 무너져 내린 것과 같은 공격이었다. 이 성경 본문을 읽을 때마다 우리는 '무너지는 것은 한순간임'을 기억하고 주님을 경외해야 한다. 그리고 항상 깨어 있어야 한다.

들릴라의 유혹을 받아 '실패한' 성경인물 삼손에 대해서도 생각해 보자. 민족의 사사였던 삼손도 깨어 있을 때는 자신의 영적 상태에 민감하게 반응하는 예배자였다. 그는 블레셋 군사 천 명을 나귀 턱뼈로 쓰러뜨린 뒤에도 자만하지 않았다. 하나님의 신이 임하신 덕분에 승리했다는 것을 알고 있었기 때문이다. 오히려 삼손은 승리를 거둔 자신의 영적 상태가, 얼마 가지 않아 멈출 수밖에 없음을 알리는 경고등이 켜진 채 주행하는 차와 같다는 사실을 깨달았다. 그때 그는 하나님을 향해 부르짖기 시작했다.

삼손이 심히 목이 말라 여호와께 부르짖어 이르되 주께서 종의 손을 통하여 이 큰 구원을 베푸셨사오나 내가 이제 목말라 죽어서 할례 받지 못한 자들의 손에 떨어지겠나이다 하니 하나님이 레히에서 한 우묵한 곳을 터뜨리시니 거기서 물이 솟아나오는지라 삼손이 그것을 마시고 정신이 회복되어 소생하니 그러므로 그 샘 이름을 엔학고레라 불렀으며 그 샘이 오늘까지 레히에 있더라(삿 15:18-19).

'엔학고레'는 '부르짖는 자의 샘'이라는 뜻이다. 삼손은 자신에게 있는 힘의 근원과 흐름을 아는 예배자였다.

다윗과 삼손, 두 사람의 무너진 삶에서 배워야 할 교훈이 있다. 예배자로서의 정체성은 인생의 역경에서든 순경에서든 흔들리지 않아야 한다는 것이다. 이 정체성에 경고등이 들어오면 모든 것을 내려놓고 '주님의 눈과 마음이 항상 있는 곳'인 지성소로 달려가야 한다(대하 7:16). 지성소에서의 그 만남을 생명처럼 여겨야 한다.

목회자가 예배할 때

교사라면 누구나 재능 있는 사람을 제자로 삼아 훌륭한 인물로 길러내고 싶어 한다. 자신을 뛰어넘는 제자 말이다. 하지만 실제로 제자가 스승의 수준을 뛰어넘는 경우는 그리 많지 않다. 스승의 수준을 따라

잡는 정도만 되어도 대단한 성과라 하겠다.

이는 목회자와 성도의 관계에서도 동일하게 적용되는 듯하다. 성도가 목회자의 영적 수준을 뛰어넘는 경우는 거의 없다. 오해하지 말기 바란다. 한국교회 성도들을 무시하고 비하하는 것이 아니라, 그만큼 목회자의 영적 수준이 중요하다는 말을 하는 것이다. 성도들은 목회자가 예배하는 대로 예배하고, 목회자가 기도하는 만큼 기도한다. 목회자가 권면하는 바에 순종하고, 목회자가 이끄는 방향으로 따라간다. 그러므로 목회자의 영성은 (의도하든 의도하지 않든) 개인이 아니라 공동체 전체에 절대적인 영향을 미친다.

사도행전 16장은 선교의 '코페르니쿠스적 전환점'이다. 복음을 전하기 위해 소아시아 지역을 향하던 바울과 실라는 성령의 강권하심으로 마게도냐 지경의 첫 성인 빌립보에 이르게 되었다. 그러나 성령의 음성에 순종한 결과는 그들의 기대와는 달랐다. 귀신들린 여종을 고쳐 준 것으로 말미암아 감옥에 갇힌 것이다.

곤하게 자다가 한밤중에 감옥 안에서 깨어난 바울과 실라는 하나님께 기도와 찬송의 제단을 쌓았다. 그러자 "그때 갑자기 큰 지진이 일어나 집터가 흔들리고 감방문이 모두 열리며 죄수들을 묶었던 쇠고랑이 다 풀어졌다"(행 16:26, 현대인의성경).

그날 밤의 예배는 빌립보 성에 하나님 나라의 '관문'을 열었다. 나는 이와 같이 담임목사의 예배도 회중 예배에서 관문의 역할을 해야 한다고 믿는다.

담임목사가 전심으로 찬양을 드리는 모습을 성도들이 보게 된다면 그 예배는 어떤 분위기로 흘러갈까? 성도들도 자연스럽게 자신의 담임목사처럼 예배하게 될 것이다. 영향력 때문이다. 그런데도 담임목사가 "목사님, 오늘 말씀에 은혜 많이 받았습니다!"라는 말에만 관심이 있다면, 그는 예배인도자는 물론 예배자의 자리에서도 이탈한 것이다. 예배를 일하는 시간으로 여기는 사람이기 때문이다. 그러므로 담임목사는 '예배자로서의 정체성'과 '예배 영성'에 대한 성경적 개념을 정확하고 명백하게 알아야 한다.

구약시대에 일 년에 한 번 찾아오는 대속죄일 때, 대제사장은 동편에 해가 뜨면 행사를 시작했다. 먼저 그는 자신과 자기 자손의 성결을 위해 수송아지로 속죄제물을 삼고, 수양으로는 번제단에 드릴 속죄제물을 준비했다. 그리고 지성소에 들어갈 때는 입고 있던 세마포 옷을 벗고 거룩한 곳에서 몸을 씻은 뒤 대제사장의 옷을 입었다. 먼저 그는 자신의 속죄를 위해 손가락으로 송아지 피를 찍어 속죄소(시은좌) 동편에 뿌린 뒤, 그 피를 속죄소 앞에 일곱 번 부었다. 그런 다음에 백성의 속죄를 위해 염소의 피를 속죄소 위와 앞에 동일한 방식으로 뿌렸다.

이는 목회자와 성도 모두 큰 대제사장이신 예수 그리스도 안에 흐르는 보혈의 능력을 덧입어야 함을 말한다. 특히 예배를 인도하는 목회자는 성결한 세마포 옷을 신부의 마음으로 입어야 한다. 회중 예배를 인도하기 전에 목회자는 개인 예배를 통해 스스로를 성결케 해야 한다. 다윗처럼 정직한 영을 구하며 상한 심령으로 자기 자신을 빛 가운데 깨뜨려야 한다.

한국 성결교단의 유명한 부흥사 최성봉 목사는 여섯 살에 성경일독을 하고 일곱 살에 교회에서 공중기도를 했다고 전해진 분이다. 그가 전하는 복음의 핵심은 성결과 완전함이 아니라 회개였다. 그는 이렇게 외쳤다.

"죄 지은 사람이 지옥에 가는 것이 아닙니다. 회개하지 못한 사람이 가는 것입니다."

그는 유혹을 받는 것은 죄가 아니지만, 유혹을 불러들이는 원인이 자기 안에 있음을 알고 그 부분을 철저하게 다뤄야 한다고 가르쳤다. 그래서 히브리서 기자도 긍휼하심을 받고 때를 따라 돕는 은혜를 얻기 위하여 은혜의 보좌 앞으로 담대히 나아가라고 촉구한 것이다(히 4:16). 그렇게 할 때, 우리를 있는 모습 그대로 받으시는 하나님이 임하셔서 우리가 자신과 세상과 사탄을 이기는 용장으로 세워지도록 새 힘과 성품을 불어넣어 주신다. 주님과 같은 마음으로 동역하고 동행하는 예배자로 세워 주신다.

그렇다면 이러한 예배자의 삶을 살아가는 담임목사의 가장 강력한 동인은 어디에서 오는가? 그것은 바로 하나님과 사람을 향한 사랑에서 온다.

여전히 하나님을 사랑하는가

예수님은 마지막 때 불법이 성행하면서 서로를 사랑하는 마음이 식을 것이라고 말씀하셨다(마 24:12). 그런데 주목해야 할 것은 '사랑이 없다'가 아니라 '사랑이 식는다'고 하신 점이다. 이는 곧 사랑의 개념만 남고 가슴속 사랑의 열정은 사라질 거라는 말씀이다.

사실 목회자의 입은 사랑이라는 단어로 홍수가 나 있다. 그런데 사랑이 삶에서 자연스럽게 흘러나오는 것이 아니라 일이 된다면, 그처럼 힘든 것도 없을 것이다. 사랑은 하나님으로부터 목회자의 중심으로 이어져 그의 배에서 생수의 강처럼 흘러넘쳐야 한다(요 7:38). 그래야 '오 리를 가자고 할 때 십 리를 갈 수 있는' 자연스러운 힘이 생긴다. 사랑보다 강력한 힘은 없다. 그러므로 불같은 성령, 불같은 사랑이 목회자의 마음에 타올라야 한다. 이런 사랑은 오직 하나님과의 온전한 예배 안에서 경험할 수 있다.

> 너는 나를 도장같이 마음에 품고 도장같이 팔에 두라 사랑은 죽음같이 강하고 질투는 스올같이 잔인하며 불길같이 일어나니 그 기세가 여호와의 불과 같으니라 많은 물도 이 사랑을 끄지 못하겠고 홍수라도 삼키지 못하나니 사람이 그의 온 가산을 다 주고 사랑과 바꾸려 할지라도 오히려 멸시를 받으리라(아 8:6-7).

예수님은 "나는 세상에다가 불을 지르러 왔다"(눅 12:49, 새번역)라고 말씀하셨다. 이에 대한 해석이 분분하지만, 예배와 선교의 시각에서 볼 때 이 불은 갈보리 십자가 위에 부어졌던 하나님의 사랑을 의미하는 것으로 생각할 수 있다. 주님이 영광 받으실 때가 가까워져 올 때, 예수님은 세 번이나 제자들을 향하여 '내가 죽었다가 삼 일 만에 살아나리라'고 말씀하셨다.

그러나 제자들은 주님의 이적과 기적의 현장에서 군중의 반응을 보고 자기중심적인 계산을 이미 끝낸 상태였기에 그 말씀이 마음에 들어오지 않았다. 그저 시종일관 동료 제자들을 더 높은 자리를 위한 경쟁의 대상자로 여기며 서로 도끼눈으로 감시하는 엉뚱한 짓만 하고 있었다. 결국 그러한 생각은 오순절 날 주님의 약속하신 불같은 성령 안에서 녹아내렸고, 그들은 마침내 성령의 사랑 안에 거하게 되었다. 이 불같은 사랑은 불같은 성령이 임재하신 결과다. 그러므로 불을 받았는데 사랑이 없다면, 그것은 성령의 불이 아니라 광신으로 몰아넣는 종교의 영을 받은 것이다. 성령의 불은 제자들이 주님의 약속을 붙잡고 오로지 기도에 힘쓸 때 임한다. 이 불로 고래 심줄보다 질긴 제자들의 자아가 끊어지고 예수 그리스도의 사랑과 진리의 다림줄이 그들 마음의 중심에 내려진다. 또한 사랑과 함께하는 진리가 육신을 타고 올라오는 이생의 자랑과 육신의 정욕과 안목의 정욕을 사로잡아 그리스도께 복종시키게 된다. 그러므로 불같은 성령의 기름 부음을 받지 않으면 주님의 영광을 위해 살게 할 불같은 사랑이 식을 수밖에 없다. 제자들은 이 점을 매우 잘 경험했다. 그래서 사랑하는 주님과의 만남인 예배를 그 무엇보다 소중하게 여겼다. 목숨이 위태로운 박해의 상황에서도 그들 가운데 예수 그리스도를 향한 사랑의 불꽃이 더욱 강하게 타오를 수 있었던 것은 영과 진리로 드리는 예배가 있었기 때문이다.

마찬가지로 목회자가 하나님이 찾으시는 예배자로 서 있는지 알 수 있는 기준도 주님을 향한 사랑이다. 사랑은 예배자의 삶에 나타나는 생명력의 근원이다. 사랑의 실상이신 하나님을 마음과 뜻과 성품과 힘을 다해 사랑하라는 계명에 순종함으로 반응하는 것이 예배이기에 이 계명을 온전히 지키는 자가 바로 하나님이 목마르게 찾으시는 예배자다. 그는 포도나무와 가지의 관계처럼 하나님과 하나가 된다. 이 관계는 주님의 소유가 된 복된 모습이다(벧전 2:9).

하나님의 소유가 된 상태란, 가정에 물을 공급하는 거대한 수원지의 커다란 관에 파이프를 연결한 것과 같다. 가정에서 수도꼭지를 틀 때마다 물이 쏟아져 나오는 것처럼, 하나님과의 사랑의 관계 안에 들어가면 주님의 보좌 앞에 나아가 순복한 예배자의 삶을 통해 생명력이 넘쳐나는 주님의 권위와 권능이 흘러간다. 이것이 하나님 나라의 확장이며 선교다.

하나님은 시대마다 순종하는 사람들을 통해 새로운 역사를 여셨다. 그래서 공동체 예배에서 가장 크고 막중한 책임을 맡고 있는 담임목사가 하나님이 기뻐하시는 예배자로서 서는 것은 무엇보다 중요한 일이다. 하나님이 예배 가운데 임하시고 일하실 수 있도록 섬기는 축복의 통로가 되고 싶은가? 당신은 이스라엘 백성에게 '내가 너희의 남편이며 너희에게 장가들고 싶다'고 프러포즈하신 주님의 불타는 사랑을 알고 은밀한 지성소로 들어가 마음과 뜻과 성품을 다해 하나님을 사랑하는 예배자인가?(호 2:19) 그렇다면 예배인도자나 설교자 이전에 예배자로 주님 앞에 서야 한다. 공식 석상이 아니라 홀로 하나님 앞에 서는 자리, 그곳은 신랑이신 그분이 신부인 우리를 기다리시는 은밀한 곳이다.

10장 예배를 위한 목회를 하라

예배가 목회 성공의 '도구'가 되지 않으려면

무엇을 위한 예배인가

누구나 그렇겠지만, 생각만 해도 그 자리가 그리워지고 감격이 되살아나는 예배의 기억이 있다. 예배사역자와 목회자로 살아오면서 놀라운 하나님의 임재와 능력이 나타나는 예배 현장을 숱하게 경험했지만, 지금도 그때의 예배를 떠올리면, 그런 예배를 다시 경험하고 싶은 소망이 타오른다. 그것은 바로 1970년대 중반, 한국 예수전도단 설립자인 오대원(David E. Ross) 목사님의 연희동 자택에서 매주 화요일에 드렸던 예배였다. 그 작은 화요모임에 불꽃 같은 성령의 역사가 나타나면서 참석하는 사람이 늘어났고, 결국에는 더 넓은 공간으로 옮길 수밖에 없는 (누구도 예상치 못한) 상황이 벌어졌다. 그곳이 명동 YWCA 강당이었다. 어떤 모임이든 그 모임을 움직이는 주류가 있다. 그런데 당시 화요모임 주류 인물들에게 부어진 마음은 복음에 빚진 자로서 영혼을 향한 마음이었다. 그러했기에 우리는 늘 예배에 앞서서 명동 사거리에 모여 찬양으로 하나님을 예배했고 주님의 사랑으로 노방전도를 했다. '화요모임'이라고 불리었던 그 예배는 영혼을 향한 마음에 불을 가진 예배자들로 말미암아 매주 마치 초대교회의 다락방 예배처럼 뜨거웠고 늘 새로웠다. 하나님의 은혜와 진리가 충만했다.

사실 오늘의 시각에서 보면, 당시의 예배는 아주 엉성하고 서툴러 보인다. '메인' 예배인도자는커녕 흔히 말하는 '예배 콘티' 혹은 '송리스트'라는 개념조차 없었다. 예배를 이끌어 가시는 성령의 인도하심에 순복하고자 그렇게 한 것이었지만, 매끄럽고 세련된 요즘의 예배 진행과는 거리가 멀었다. 그러나 하나님은 예수전도단 화요모임을 (다른 여러 예배모임이나 사역 단체들과 마찬가지로) 한국교회가 기존에 경험하지 못했던 새로운 차원의 예배로 나아가도록 돕는 도구로 사용하셨다. 일반 주택의 거실에서 열리던 작은 모임이 대형집회로 확장되고, 한국교회 안팎 여러 곳에서 비슷한 형태의 예배모임이 우후죽순처럼 일어난 것을 생각하면 하나님이 친히 일으키신 '놀라운 부흥'이 아닐 수 없다.

그로부터 40여 년이 지난 요즘 한국교회는 찬양예배를 하나의 예배 형태로 받아들였고, 시간대별로 예전(禮典) 중심의 전통적 예배와 찬양 중심의 현대적 예배로 따로 모이거나 전통적 요소와 현대적 요소가 공존하는 통합예배(Blended Worship)를 추구하고 있다. 모든 교회가 찬양예배를 드리거나 찬양예배의 요소를 받아들이게 된 것이다. 대부분 교회가 은혜의 감격이 있는 예배, 치유와 회복이 일어나는 예배, 더 뜨겁고 열정적인 예배를 드리기 위해 새로운 것을 추구하며 기꺼이 변화하려 애쓰고 있다.

그런데 그 변화를 시도하는 동기에 스며들고 있는 문제점 때문에 변화 속에 변질이 드러나고 있다는 점이 매우 가슴 아픈 일이다. 그러한 변질을 빛 가운데 드러내어 보면 이러하다.

첫째, 언제부터인가 한국교회 안에 예배를 목회의 수단으로 여기는 생각이 자리 잡아 예배의 본질을 흐리고 있다. 진리에 대한 성경적 이해의 부족으로 말미암아 생기는 이러한 생각은 하나님이 아닌 사람에게 집중하여 사람의 마음을 얻으려는 기획과 시도들을 하게 만들었다. '진리설교'보다는 사람의 마음과 귀를 위로하고 그 마음을 사려는 '심리설교'를 함으로, 수적 성장을 도모하려는 흐름을 타고 있는 게 사실이다. 자기도 모르는 사이에 누룩처럼 들어온 생각이 예배마저도 교회 부흥과 목회 성공의 수단으로 만들어 버린 것이다.

둘째, 예배의 대상이신 하나님보다 예배에 참석하는 회중을 더 중시하고 있다. 하나님을 사랑하기에 예배를 통해 하나님을 기쁘게 해 드리는 것이 아니라 사람을 기쁘게 하려고 애쓰고 있다. 그래서 예배의 중심을 하나님이 아닌 사람을 기쁘게 하는 프로그램에 두고, 예배에 엔터테인 요소를 집어넣어 종교적인 쇼를 공연하고 있다. 이는 예배의 중심 방향을 수직에서 수평으로 전환하는 것이다.

셋째, 갈수록 척박하고 열악해지는 한국교회의 목회 환경 가운데 하나님이 말씀하시는 대로 변화되고 실상을 향해 나아가야 하지만, 이를 위한 가치관이 매우 빈약하다(이 모든 변질이 일어난 가장 큰 원인이라 할 수 있다). 다시 말해, '교회 건강'보다 '교회 성장' 패러다임에 집중하는 미성숙한 모습을 버리지 못하고 있다. 이는 기독교의 이미지를 숫자 우상에 사로잡힌 개독교로 불리게끔 만들었다. 그 결과 교회 이탈 현상을 말하는 가나안 교인(나는 이제부터 교회 '안 나가'라고 선언하고, 마치 무교회주의자의 마음으로 교회를 이탈하는 신자), 들판을 여기저기 옮겨 다니는 것처럼 자기 입맛과 기호, 성향에 맞는 교회를 찾아다니는 유목민 신자가 급증하게 되었다. 이러한 현상은 교회 간에 경제적 양극화 현상을 첨예화시켰다. 그뿐 아니라 고난과 고생의 가치를 분별하지 못하는 현대 그리스도인들이 편안함만 추구하는 가운데 개척교회의 생존 자체가 어려워져, 개척교회 목회자들의 마음속에 저항할 수 없는 숫자 우상인 현대의 바알이 들어앉고 있다는 것도 문제다.

한국 연희동의 작은 거실에서 시작된 화요모임과 같은 초창기 사역 단체와 예배모임들은 한결같이 예배를 가지고 뭘 어떻게 해보겠다는 의도나 비전, 계획이 전혀 없었다. 한국교회에 널리 알려서 더 많은 사람을 모으고 더 큰 집회로 성장할 것을 놓고 기도하지도 않았다. 그저 하나님을 예배하고 그분의 임재를 사모하는 마음 하나만으로 자발적으로 모였을 뿐이었다. 당시에는 예배자라는 신분 개념도 없었지만, 성령과 능력의 기름부음이 넘치는 예배가 어떠한 것인지를 맛보게 해주신 주님의 역사로 말미암아 그 당시의 예배자들은 영적 부흥을 아주 풍성하게 경험했다. 지금 그때와 같은 (아니, 훨씬 더 아름답고 세련된) 형식의 예배를 드리고 있는 당신은 어떤 경험을 하고 있는가?

목회자에게 예배주관이 없으면

'예배에 성공하는 사람이 인생에서도 성공한다'는 말이 있다. 분명히 하나님이 원하시고 기뻐하시는 예배를 드리자는 아름다운 동기에서 나온 말일 테지만, 목회자가 가져야 할 예배 영성의 측면에서 한 번쯤 고민해 볼 필요가 있는 말이다. '성공'(成功)이라는 말 자체가 '사람이 공(功)을 세워 이루는(成)' 것을 의미하기 때문이다. 어쩌면 이 말의 배경에는 '복을 받기 위해 열심히 예배하라'는 기복적이고 샤머니즘적인 의도가 교묘히 숨어 있는지도 모른다.

이 땅에서 복을 받고 성공하기 위해 하나님께 영광을 돌리고 그분의 한없는 은혜를 높이는 것은, 비성경적이고 우상숭배적인 행위다. 그런 마음과 생각으로 예배한다면 아무리 많은 사람이 모이고 아무리 뜨겁게 노래하며 춤춘다 해도 더는 예배라 할 수 없다. 예배는 사람의 '공'이 아니라 예수 그리스도의 보혈과 그분이 행하신 십자가 구속의 은혜로 드리는 것이다. 그렇다면 당연히 예배의 성공은, 잘 먹고 잘사는 인생이 아니라 언제 어디서나 하나님께 영광을 돌리는 인생이 되는 것이다. 예배 공동체의 성공도 모이든 흩어지든 구성원들이 하나님께 영광을 돌리는 인생을 살게 되는 것이다.

하지만 '수적 성장과 그로 말미암은 교회 재정의 증가가 곧 부흥'이라는 위험천만한 착각에 빠진 목회자는 예배까지도 목회 성공의 수단으로 사용할 것이다. 아무런 문제의식도 없이 말이다. 그렇게 되면 우리의 예배에 어떤 일이 벌어질까? 제일 먼저 죄의 지적과 회개, 그로부터 나오는 애통과 슬픔이 사라질 것이다. 믿음 없는 심령이 깨어져 거듭나는 역사도, 교회 밖 삶과 세상에서 벌어지는 일들에 대한 성경적 가르침과 눈물의 합심기도도, 자신의 십자가를 지고 예수 그리스도의 뒤를 따르라는 제자 됨의 메시지도, 하나님의 의와 그분의 나라도 사라질 것이다. 그리고 '교회에 더 열심히 나오고 더 열심히 봉사하라'는 선동(?), 개인에게 감동과 위로와 평안을 주는 설교와 음악, 그 자체가 목적이 되어 버린 '몸과 마음의 치유', 자기중심적이고 개인주의적인 영성만 남을 것이다. 너무 극단적인 이야기라고 생각할지 모르지만, 곰곰이 생각해 보면 그리 낯선 풍경도 아닐 것이다. 이러한 예배는 타락한 인간의 본성을 거스르는 것은 사라지고 본성에 부합하는 것들만 남은 예배일뿐이다. 그런데도 이것을 하나님께 드리는 예배라고 할 수 있을까?

이것은 교회 공동체의 예배 리더십인 목회자의 마음속에 '예배에 대한 올바른 주관'이 없기 때문에 벌어지는 문제다. 그런 목회자는 예배 형식을 결정할 때 그 순서가 성경적인지 아닌지, 교회의 전통에 맞는지 아닌지, 샤머니즘 요소는 없는지 분별하지 않는다. 그런 것을 판단할 기준이 없기 때문이다. 그의 유일한 기준은 '회중이 좋아하고 감동받고 눈물 흘리는가?'뿐이다. 이렇게 경험과 눈치를 의지해서 매일 예배를 준비하고 인도하다 보면, 겉으로 드러나는 '수적 성장'과 '회중의 만족'을 추구하는 실용주의에 빠질 수밖에 없다. 그것이 바로 목회를 위한 예배다. 예배보다 목회가 위에 있으니 목회가 우상이라고 말할 수밖에 없지 않겠는가?

그렇다면 목회를 위한 예배가 아니라 예배를 위한 목회를 하기 원한다면 어디서부터 시작해야 할까?

무엇보다 먼저 "나는 누구인가?"라는 질문 앞에 서 보기 바란다. 더 정확히 표현하자면 "우리 교회 예배 안에서 나의 자리는 어디인가?"라고 할 수 있다. 무엇을 어떻게 해야 할지 모를 때 제일 먼저 확인해야 할 것은 자신의 정체성이다. "나는 누구인가?"라는 질문에 답해 보는 것이다. 무엇을 어떻게 해야 할지 알려면 자신이 누구인지부터 알아야 한다. 그렇다면 공동체 예배 가운데 담임목사는 과연 어떤 존재일까?

공동체 예배 안에서 담임목사의 자리

1980년대 말과 90년대 초부터 불어닥친 예배갱신과 개혁 운동은 예배와 관련된 다양한 자료를 한국교회에 보급했다. 예배를 주제로 한 많은 베스트셀러가 출간되고, 여러 선교단체와 예배사역 단체에서 성경적 예배의 개념을 세우고 예배사역을 풍성하게 하는 세미나와 훈련 과정을 개최했다. 비록 2010년대에 들어 그 열기는 시들어졌지만, 이 운동이 양산해 낸 도서와 훈련 과정을 통해 많은 이들이 예배자와 예배사역자로 자라날 수 있었다. 지금도 그들은 각자의 교회 공동체 안에서 하나님이 기뻐하시는 성경적 예배를 드리기 위해 수고하고 있다.

그런데 여기에 한 가지 문제가 있다. 회중의 예배자 의식과 예배 이해도는 놀라울 정도로 깊어졌는데, 교회의 지도자인 목회자는 정작 예배에 대한 주관 없이 목회를 위한 예배 패러다임에 매여 있다는 점이다. 기존의 예배 요소들이 비목회자인 회중에게 초점이 맞춰지면서 예배 훈련의 사각지대에 놓이는 안타까운 결과가 나타난 것이다. 그런 담임목사는 예배 공동체로서 교회가 나아가야 할 방향과 목표를 제시하지 못하고 '설교자'로 머물러 있을 수밖에 없다.

그러한 목사는 설교를 제외한 예배의 나머지 요소를 '음악'이나 '퍼포먼스'로 여기고, 이를 예배 담당 부교역자나 찬양인도자, 즉 전문가에게 일임한다. 재정과 행정 차원에서 찬양사역자와 찬양 팀을 지원한 것만으로 자신은 예배와 관련해서 해야 할 일을 다 했다고 여긴다. 그리고 자신의 설교와 직접적으로 관련되지 않은 부분(특히 예배의 전체적인 흐름과 연결 부분)에는 무관심해한다. 이는 예배의 리더십에 대해 '책임'이 아닌 '기능'만 가진 찬양담당자에게 모든 예배 리더십을 떠넘기는 무책임한 행동이다. 공동체 예배의 책임은 절대로 앞에 나와 찬양을 인도하는 사람이나 연주자들의 몫이 아니다. 그것은 어디까지나 공동체의 영적 지도자인 담임목사의 것이다.

물론 공동체 예배 가운데 목사는 설교자의 자리를 감당해야 한다. 하지만 담임목사에게는 설교 이전에 감당해야 할 훨씬 더 근본적인 역할이 있다. 공동체 예배 안에서 담임목사는 누구인가? 공동체 예배 가운데 담임목사가 명심해야 할 자신의 정체성은 무엇인가? 그것이 바로 예배 리더십이다.

담임목사는 예배 리더십이다

그렇다면 예배 리더십이란 무엇인가? 예배 리더십이란, 간단히 말해 공동체 예배와 관련된 모든 영역과 분야에 하나님과 공동체가 부여한 권위를 가지고 지도력을 발휘하는 사람(혹은 사람들)이다.

우리는 너도나도 사회 모든 영역에 제대로 된 지도자가 필요하다는 소리를 쏟아내는 시대에 살고 있다. 교회도 예외일 수 없고, 교회 공동체의 예배도 그러하다. 우리의 예배 현장에도 명확한 예배신학과 예배주관을 가지고 공동체의 예배의 큰 그림을 함께 그려낼 영향력 있는 지도자가 필요하다. 설교자는 설교만 잘 하면 그것으로 끝나지만, 예배 리더십은 예배 전체를 책임져야 한다. 이것을 담임목사 말고 누가 감당할 수 있겠는가?

담임목사가 예배인도를 해야 한다거나 음악적 기능을 가져야 한다는 말이 아니다. 담임목사가 예배와 관련된 모든 것을 혼자 결정하고 이끌어야 한다는 말도 아니다. 오히려 그 반대다. 담임목사는 더 많은 사람이 각자의 은사와 재능으로 예배를 섬기도록 문을 열어 주고, 그들이 원활하게 소통하고 함께 결정하며 유기적으로 사역하도록 적극적으로 지원해야 한다.

그렇다면 담임목사는 무엇을 해야 하는가? 예배 리더십으로서 담임목사가 해야 할 일은 매우 크고 본질적인 것이다. 담임목사는 건강하고 성경적인 예배신학과 예배주관을 가지고 공동체가 지향해야 할 예배가 무엇인지 규명하고, 공동체 예배가 나아가야 할 바를 지속적으로 제시해야 한다. 그리고 그 안에서 예배에 참여한 회중과 예배를 섬기는 모든 이들이 균형과 조화 가운데 함께 나아가도록 조율하고 조정하고 소통해야 한다. 이것이야말로 공동체의 예배 전체를 책임지는 일이다.

예배를 위한 목회의 출발점

담임목회자인 당신은 이 책을 통해, 자신이 지금 섬기고 있는 교회 공동체의 예배 리더십이라는 사실을 명확하게 깨달았다. 그리고 이제부터 예배를 위한 목회를 하겠다고 굳게 결단했을 것이다. 하지만 당신의 마음에 한 가지 의문이 떠오른다. "그런데 예배를 위한 목회는 어디서부터 어떻게 시작해야 하는 것인가?"

그래서 이번 장을 마무리하며 '예배를 위한 목회'의 기초를 몇 가지 나누고자 한다. 물론 이외에도 더 많은 것을 헤아리며 준비해야 하지만, 아마도 가장 중요한 기초는 다음의 세 가지인 것 같다.

공동체 예배의 방향

예배를 위한 목회는 공동체 예배의 방향을 찾는 것에서부터 출발해야 한다. 당신이 섬기고 있는 공동체가 드려야 할 예배는 어떤 것인지 찾아보라. 하나님과 그분의 말씀 앞에서, 함께 예배를 섬기는 동역자들 안에서, 당신이 섬기는 회중 안에서, 그리고 동시대의 예배 흐름 속에서 살펴보라. 그 가운데 분명히 당신의 공동체를 통해 예배받기 원하시는 하나님의 섭리와 인도하심이 있을 것이다. 이것을 잘 정리하면 예배의 스타일이나 음악처럼 비본질적인 요소의 빠른 유행 속에서도 흔들리지 않는 예배신학과 예배주관을 얻을 수 있다. 그럴 때 성령의 기름부음 안에서 하나님이 기뻐하시는 예배를 어떻게 디자인해야 할지 보게 되고, 회중과 교회 전체가 자신들만의 예배 흐름을 정확히 이해하고 따라갈 수 있을 것이다.

소통의 문화

공동체 예배는 담임목사 한 사람의 힘으로 이끌어 갈 수 있는 것이 아니다. 한 번의 공동체 예배도 그냥 진행되지 않는다. 늘 각자의 자리에서 다양한 모습으로 섬기는 이들이 있어야만 가능한 일이다. 그들은 모두 예배 리더십의 동역자다. 기능인이나 조수, 보조자가 아니라 담임목사와 파트너십을 이루고 있는 동역자다. 그러므로 찬양인도자나 찬양대(성가대) 지휘자에서부터 영상이나 음향을 담당하는 방송실 스태프에 이르기까지 공동체 예배의 순서와 준비와 진행을 맡은 모든 사람에게 감사하며, 끊임없이 그들의 열심과 성실함과 전문성을 인정하고 동역자로 세워 주어야 한다.

그리고 동역자인 그들에게도 올바른 예배신학과 예배주관을 심어 주기 위해 노력해야 한다. 그것은 일방적인 강의나 설교가 아니라 지속적이고 열린 소통을 통해서만 가능하다. 예배를 섬기는 이들이 정기적으로 만나 서로 교제하며 격려할 수 있는 자리를 만들고, 담임목사인 당신부터 그들의 생각과 의견을 경청하고 수용하려는 태도를 가져야 한다. "어떻게 해야 우리 교회가 하나님이 감동하시는 예배를 드릴 수 있는가?"라는 질문에 초점을 맞추되, 공동체 예배의 발전과 개선을 위한 의견이라면 어떤 것이든 긍정적으로 받아 주고 존중하

라. 담임목사가 그렇게 할 때 그 모임 가운데 존재하는 차이를 틀림이 아니라 다름으로 이해하는 눈이 열린다.

예배담당목사나 찬양인도자의 경우에는, 정기적으로 예배 기획을 함께하면서 서로의 예배신학과 예배주관을 나누고, 그것에 비추어 볼 때 현재 공동체 예배는 어떠한지 검토하는 시간을 가지라. 그런 대화와 소통이 있어야만 교회의 문화와 예배 형식에 대한 새로운 시각의 분석이 나올 수 있고, 회중이 거부감 없이 따라올 수 있는 예배 흐름이 만들어진다. 예배 리더십으로서 담임목사가 정리한 공동체 예배의 나아갈 바를 나누고 설명하는 것 역시 이와 같은 소통의 문화 속에서 가장 효과적으로 이루어진다. 담임목사와 예배인도자가 공동체의 예배를 '본질이 살아 있는 새 술'을 담을 새 부대로 함께 만들어 갈 수 있다면, 교회를 하나 되게 하시는 성령의 역사는 이미 시작된 것이다.

설교 대신 예배에 매달리기

예배를 위한 목회의 세 번째 출발점은 목회자가 가장 부담스러워 하는 것인 동시에 가장 민감하게 반응하는 것이다. 그것은 바로 설교다. 안타깝게도 한국교회에는 '예배 준비'를 '설교 준비'로 여기는 담임목회자들이 많다. 설교 준비에 목숨을 거느라 설교 이외의 예배 요소에 신경 쓸 여유가 없다. 설교를 잘 해서 회중에게 은혜를 끼치면 예배가 어떻게 흘러가든 괜찮다는 '위험한' 생각을 하고 있는 것은 아넌지 스스로를 점검해 봐야 한다.

앞에서도 언급했지만 예배는 설교를 위해 존재하는 것이 아니다. 예배를 설교의 들러리로 여겨서 늘 틀에 박힌 형식과 내용만 답습하거나 감정을 조종하여 마음을 휘어잡으려는 수단으로 생각해서는 안 된다. 예배를 위한 목회를 시작하려면 무엇보다 담임목사 자신부터 설교가 아니라 예배에 매달리기로 결정해야 한다. '설교 잘 하는 목사'가 되기보다 자신이 섬기는 교회가 '하나님이 원하시는 예배 공동체'가 되는 데 헌신해야 한다. 그리고 담임목회자가 설교 대신 예배에 매달려야 하는, 예배 본질 회복 차원에서의 중요한 이유가 또 하나 있다. 그것은 다음 장에서 살펴보도록 하자.

11장 회중을
관객이 아니라
예배자로 세우라

| 예배가 사람을 즐겁게 하는
'쇼'가 되지 않으려면

누구를 감동시키기 위한 예배인가?

TV에서 다큐멘터리를 보던 중에 우연히 제사상을 차리는 장면을 본 적이 있다. 정성을 다해 상을 준비하는 모습을 바라보다가 문득 '예배의 홍수 속에 살아가는 한국교회 성도들은 어느 정도의 정성으로 예배하고 있을까?'라는 질문이 생겼다.

인격적인 관계의 가장 큰 특징 중 하나는 마음을 주고받을 때 주어지는 감동이다. 누군가와 이렇게 감동적인 관계를 맺을 수 있다면 그는 분명 행복한 인생일 것이다. 반대로 이런 인격적 감동이 없는 삶은 무미건조하다. 예배도 마찬가지다. 인격적 존재인 하나님과 우리의 만남인 예배에 감동이 없다면 그것 역시 메마른 예배다. 생명력이 없는 '죽은' 예배라는 말이다.

여기서 우리는 예배의 변화와 갱신에 관한 본질적인 질문과 맞닥뜨리게 된다. 그것은 "누가 예배 시간에 감동해야 하는가? 우리는 누구를 감동시키기 위해 예배하는가?"와 같은 질문들이다. 매우 기초적인 질문이지만, 어쩌면 지금 우리의 예배는 그 기초부터 뒤집혀 있는 심각한 상태인지도 모른다.

하나님께 드리는 예배와 비교하는 것 자체가 불경스러운 일이지만, 다시 TV에서 본 제사 이야기로 돌아가 보자. 제사상을 차리는 사람들은 늘 자신이 정해진 제사법에 따라 준비하고 있는지를 철저히 점검하고, 제사 드리기 전부터 목욕재계(沐浴齋戒)로 정결의식(?)을 행한다. 제사를 받는 귀신의 분노를 사지 않기 위해서다. 지극정성으로 차린 제사상을 받고 감동한 귀신이 자신에게 복 내려 주기를 바라기 때문이다. 이와 같이 제사를 드리는 이들은 그 제사가 자기 자신이 아니라 제사상을 받는 귀신을 위한 것임을, 그 제사의 목적이 귀신을 감동시키는 것임을 명확하게 알고 있다. 그런데 정작 참 하나님을 예배하는 그리스도인의 태도와 자세는 거짓에 속아 귀신을 섬기는 이들만도 못한 경우가 많다. 우리는 누구를 감동시키려고 예배하는가? 우리의 예배는 누구를 감동시키는 데 초점을 두는가? 하나님인가, 나 자신인가?

안타깝게도 목회자들 중에는 '오늘, 예배를 통해 하나님을 감동시켜 드려야지'라는 생각으로 충만하기보다 '나의 설교를 통해 회중을 감동시켜야지'라는 생각으로 가득 찬 이들이 많다. 회중도 마찬가지다. 하나님을 감동시켜 드리는 예배 대신 자기가 은혜 받는 예배를 꿈꾸며 매주 예배의 자리를 찾는다.

이러한 생각이 전부 잘못되었다는 말은 아니다. 자신의 설교를 통해 하나님이 회중에게 역사하시고 예배 가운데 하나님이 주시는 은혜 누리기를 기대하는 것은 정상적이고 마땅한 일이다. 문제는 예배의 초점이 예배의 대상이신 하나님이 아니라 자기 자신에게 맞추어진다는 것이다. 그 때문에 제사상에서는 귀신도 존중(순전히 두려움에서 기인한 마음이지만)받는데, 참 하나님을 섬기는 예배 현장에서는 예배의 대상이신 그분이 소외되는 사태가 벌어지고 있다.

하나님의 감동이 예배자의 감동이다

우리의 예배가 사람을 기쁘게 하는 것이 아니라 하나님을 기쁘시게 하는 현장이 되려면 어떻게 해야 할까? 과연 예배 중에 하나님의 감동과 회중의 감동이 공존하는 것은 가능할까?

그 열쇠는 회중 예배 속에서 회중을 주님 앞으로 인도하는 목회자에게 있다고 본다. 목회자가 회중보다 하나님께 더 가까이 있다거나 목회자의 어떠함이 예배를 좌지우지한다는 말이 아니다. 다만 예배 인도자의 중심에는 예배의 이유와 목적이 분명해야 하며, 예배를 받기에 합당하신 하나님을 전인격적 사랑함으로써 하나님을 감동시키는 예배로 인도해야 할 책임이 목회자에게 있다는 말이다. 그런데 그 책임은 노력으로는 감당할 수 없다. 진리에 따라 바른 선택을 하는 의(義)의 힘이 성령의 기름부음 안에서 삶의 관계를 통해 흘러나갈 때 비로소 자연스럽게 감당할 만한 은혜가 흐른다. 그 하나님의 은혜가 회중에게로 흘러들어 갈 때 회중이 감동을 받는다. 그러므로 예배를 인도하는 이는 그 존재 자체가 감동의 채널로서 하나님이 기뻐하시는 '거룩한 산 제물'로 드려져야 한다.

원래 제물은 죽은 것이다. 그러므로 '산 제물'이란 하나님에 대하여는 살았으나 육과 세상, 사탄에 대하여는 믿음으로 죽은 예배자의 실존적 모습이다. 하나님은 이런 예배자에게 성령과 능력으로 기름을 부어 주신다. 한 인생의 가장 깊은 곳인 '그 배(koilia)에서' 생수의 강, 성령의 강이 흘러넘치게 하신다(요 7:38). 이런 예배자가 하나님을 감동케 해 드리기 때문이다.

사도행전 10장을 보면 복음이 사마리아를 넘어 땅 끝을 향하기 시작하는데, 그 첫 발판으로 가이사랴에 있는 고넬료의 가정이 선택되었음을 보게 된다. 2절에는 이렇게 기록되어 있다.

> 그가 경건하여 온 집안과 더불어 하나님을 경외하며 백성을 많이 구제하고 하나님께 항상 기도하더니.

한 사람의 예배자를 통해 이방을 향한 첫 문이 열린 것은 그의 삶이 하나님께 감동으로 열납되었기 때문이다.

감동하신 하나님은 사자를 보내어서 이렇게 전하셨다.

고넬료야 하나님이 네 기도를 들으시고 네 구제를 기억하셨으니 사람을 욥바에 보내어 베드로라 하는 시몬을 청하라(행 10:31-32).

고넬료의 삶이 예배가 되었다는 말이다. 그리고 베드로가 왔을 때 고넬료의 자세 역시 감동적이었다.

이제 우리는 주께서 당신에게 명하신 모든 것을 듣고자 하여 다 하나님 앞에 있나이다(33절).

고넬료는 신전의식(神前意識)이 있는 예배자다. 만물 안에서 만물을 충만케 하시는 주님의 존재 방식을 개념으로가 아닌 실존 속에서 인식하고 사는 삶이 예배가 된 사람이었다는 말이다.

처음 고넬료의 가정에서 예배 드리며 말씀을 선포할 때 예배자 고넬료로 말미암아 세워진 가정 공동체 안에 일어난 역사, 처음으로 이방에 성령이 부어진 역사를 베드로는 이렇게 기록했다.

베드로가 이 말을 할 때에 성령이 말씀 듣는 모든 사람에게 내려오시니 베드로와 함께 온 할례 받은 신자들이 이방인들에게도 성령 부어 주심으로 말미암아 놀라니 이는 방언을 말하며 하나님 높임을 들음이러라(44-46절).

단 한 사람, 하나님을 감동시킨 예배자 고넬료로 말미암아 하나님은 열방 가운데 성령을 부어 주시는 역사를 시작하셨다. 이러한 성령님은 아시아로 향하던 바울 일행의 여정을 마게도냐 지경으로 바꾸셨다. 그리고 루디아를 만나게 하셔서 그 지역의 복음의 문을 여는 도구로 삼으셨다.

두아디라 시에 있는 자색 옷감 장사로서 하나님을 섬기는 루디아라 하는 한 여자가 말을 듣고 있을 때 주께서 그 마음을 열어 바울의 말을 따르게 하신지라 그와 그 집이 다 세례를 받고 우리에게 청하여 이르되 만일 나를 주 믿는 자로 알거든 내 집에 들어와 유하라 하고 강권하여 머물게 하니라(행 16:14-15).

NIV 성경에는 '하나님을 섬기는 루디아'라는 표현이 'Lydia who was a worshiper of God'으로 되어 있다. 루디아 역시 하나님의 눈에 감동된 예배자였다는 뜻이다.

그렇다면 이와 같은 예배자가 있는 공동체의 예배 가운데 성령과 능력으로 기름부으시는 분은 누구인가? 홀로 예배받기 합당하신 하나님이시다. 하나님이 영과 진리로 예배하며 예수 그리스도의 보혈을 지나 그분 앞에 나아가는 이들에게 기름부으시고 그 가운데 친히 임재하신다. 예배를 인도하는 자든 예배를 드리는 자든 상관없이 예배 가운데 자신을 하나님이 기쁘게 받으시는 거룩한 산 제물로 드릴 때, 그 예배를 통해 모두 감동을 받는다. 하나님의 감동이 예배인도자의 감동이 되고, 예배인도자의 감동이 예배자의 감동이 된다. 이렇게 하나님과 인도자와 예배자가 영과 진리 안에서 감동으로 하나가 될 때, 우리가 드리는 모든 예배 순서 하나하나 가운데 성령의 기름부으심이 임하게 된다. 첫 찬송부터 축도에 이르기까지 모든 순서를 (성령의 기름부으심 속에서) 하나님을 향해 마음을 다하고 뜻을 다하고 성품을 다하고 힘을 다하여 사랑하게 된다. 이 사랑은 하나님과의 연합, 즉 내가 하나님 안으로 들어가고, 하나님이 내 안으로 들어오시는 거룩한 만남이다. 이 만남 속에서 죽은 행실을 낳는 죽은 생각의 가지들이 쳐내지고, 생명을 얻고 더욱 풍성케 되는 하나님의 생각들로 충만해진다. 이것이 바로 예배를 통해 '하나님을 아는 복'이다. 이 복이 예배를 풍성하게 하고, 하나님이 감동하시는 예배를 드리게 한다.

'거룩한 산 제물'의 삶

구약성경 호세아서에서 하나님은 선지자인 호세아에게 남편인 그를 떠나 다른 남자들과 음행하다가 노예로 팔려간 아내 고멜을 데려오게 하신다. 그리고 그를 다시 사랑하라고 말씀하신다. 우리로서는 납득할 수 없는 일이지만, 이것이 바로 하나님의 사랑이며 그분이 사랑하시는 방식이다. 진정한 사랑은 상대의 모든 것을 얻기 원하는 것이다. 하나님이 먼저 우리를 그렇게 사랑하셨다. 하나님은 우리의 모든 것을 얻기 위해 그분의 모든 것을 내주셨다. 독생자 예수 그리스도를 십자가에 달려 죽게 하시고, 범죄하고 타락하여 사탄의 노예가 되어버린 우리를 그 피 값으로 친히 구속하셨다.

하지만 우리는 고멜처럼 너무나 쉽게 '두 마음'(생각[mind]과 마음[heart] 모두)을 품어(double-minded) 정함이 없는 상태가 된다. 그때를 놓치지 않는 사탄은 생각과 육신, 세상을 통해 우리 안에 거짓을 심고, 사고와 정서와 의지의 영역을 미혹하여 죄의 길에 들어서게 만든다.

포도나무에 붙어 있는 가지처럼 하나님과 깊은 사랑의 관계를 맺어야만 생명을 얻고 더욱 풍성케 하는 축복의 통로가 될 수 있는데, 죄 때문에 그런 관계 자체가 불가능해진 것이다. 이런 상태에 있는 사람은 하나님께만 초점을 맞춰야 할 예배 시간에도 자기 자신의 감정과 느낌, 고민과 필요에 집중하며 그것을 더 중요하게 여긴다. 앞에서 나눈 것처럼 하나님이 아니라 자기 자신의 감동을 기대하며 추구하는, 지극히 '자기중심적' 종교적 예배자가 되는 것이다. 하나님이 원하시는 예배의 마음에서 빗나가 있는 이런 예배자에게 가장 필요한 것은 회개다. 하나님의 사랑을 온전히 믿으며, 있는 모습 그대로 예수 그리스도의 보혈의 강에 들어가 자신의 죄(두 마음을 품은 탓에 저지른 모든 것)를 고백해야 한다. 하나님은 우리가 고백한 죄와 허물(그것이 무엇이든)을 깨끗이 용서하고 두 번 다시 기억하지 않는 분이시다. 그러한 하나님 앞에 모든 것을 고백할 때 비로소 나뉘지 않은 온전한 심령으로 '새롭고 산 길'이신 주님을 통해 지성소로 나아갈 수 있다. 완벽하게 무너져 버린 것 같은 하나님과의 관계도 회복될 수 있다. 마음(heart)을 다하고 목숨(soul)을 다하고 뜻(mind)을 다하고 힘(strength)을 다하는 '사랑의 관계(예배)'를 회복한 사람에게는 그분의 말씀과 성령이 충만하게 임한다(행 9:1-30).

이것이 바로 사도 바울이 고백한 '내 안에 예수 그리스도께서 사시는 삶'이다. 나와 그리스도가 십자가로 인하여 '바뀐'(Exchanged) 삶이자, '마음(mind)을 새롭게 하고 몸을 거룩한 산 제물로 드리는' 삶이다(갈 2:20; 롬 12:1-2 참고). 그러한 삶 속에서만 하나님의 진리를 체험할 수 있고, 그 체험된 진리가 내면의 지식(가치관과 관점)까지 새롭게 하는 놀라운 역사가 나타난다(골 3:10). 드디어 자신이 아니라 하나님의 감동을 위해 예배할 준비를 갖추게 되는 것이다.

하나님은 지성소로 나아가 그분의 발등상(언약궤) 앞에 엎드리는 이들에게 새로운 성품과 새로운 능력을 충만하게 부어 주신다(사 44:1-3; 히 10:11-25 참고). 그것이 바로 우리의 예배를 통해 하나님이 감동받으셨다는 증거다.

하나님의 역사는 모든 것이 제자리에 있을 때 임한다

예배를 받으시는 주님께서 예배인도자인 당신에게 이렇게 질문을 하신다고 생각해 보자.

"네가 섬기는 공동체의 성도들은 자기 자신이 아니라 나를 감동시키기 위해 예배하는가?"

"네가 섬기는 회중은 예배 가운데 내가 감동을 받고 그 감동에 반응하여 내가 부어 주는 은혜와 진리로 말미암아 변화를 누리는가?"

하나님이 감동하시는 것은 회중의 눈물샘을 자극하는 달변의 설교나 신학적으로 완벽한 예배 순서, 사역자들의 뛰어난 음악적 실력이 아니다. 하나님은 자신의 감정이나 상황을 뛰어넘어 '왜 예배하는지, 누구를 위해 예배하는지, 예배를 통해 누가 기뻐하고 만족해야 하는지' 아는 예배자들에게 감동하신다. 당신이 섬기는 회중이 바로 그런 예배자로 일어나야 한다. 그럴 때 예수 그리스도가 십자가에서 완성하신 역사를 믿음으로 누리며, 거룩하신 하나님을 뵙기 위해 보혈의 능력을 힘입어 그분의 보좌로 담대히 나아가는 예배를 경험하게 될 것이다.

담임목사라면 누구나 꿈꾸는 예배, '하나님이 공동체 전체에 넘치도록 성령과 능력을 부으시는' 예배 말이다. 그 옛날 이방을 향한 첫 예배였던 고넬료의 가정에서 드려졌던 예배같이 말이다.

12장

어떤 형식의 변화에도 잃지 말아야 할 예배 정신

예배가 '교회 안'에 갇혀 있지 않게 하려면

우리는 지금까지 담임목회자가 자신이 예배자이자 예배 리더십임을 자각하고, 올바른 예배신학과 예배주관을 갖고, 회중을 관객이 아니라 예배자로 세워야 함을 살펴보았다.

  이번 장에서는 이 세 가지를 갖춘 담임목회자가 설정해야 할 공동체 예배의 최종 목적지가 어디인지 나누고자 한다. 그러나 여기서 확실히 짚어 둘 점이 있다. 그것은 앞에서 나눈 것처럼 예배가 목회를 섬기는 것이 아니라 목회가 예배를 섬겨야 하듯, 선교 역시 예배와 동일한 관점에서 보아야 한다는 점이다.

열방으로 흘러가는 예배

하나님은 우리에게 은혜를 베푸사 복을 주시고 그의 얼굴빛을 우리에게 비추사 (셀라) 주의 도를 땅 위에, 주의 구원을 모든 나라에게 알리소서 하나님이여 민족들이 주를 찬송하게 하시며 모든 민족들이 주를 찬송하게 하소서 온 백성은 기쁘고 즐겁게 노래할지니 주는 민족들을 공평히 심판하시며 땅 위의 나라들을 다스리실 것임이니이다 (셀라) 하나님이여 민족들이 주를 찬송하게 하시며 모든 민족으로 주를 찬송하게 하소서 땅이 그의 소산을 내어 주었으니 하나님 곧 우리 하나님이 우리에게 복을 주시리로다 하나님이 우리에게 복을 주시리니 땅의 모든 끝이 하나님을 경외하리로다(시 67편).

'선교의 대찬양시'인 시편 67편은 하나님을 섬기는 동시에 사람을 섬기는 제사장을 떠오르게 한다. "하나님은 우리에게 은혜를 베푸사 복을 주시고 그의 얼굴빛을 우리에게 비추사"라는 첫 구절은 민수기 6장에서 하나님이 주신 제사장의 기도문과 매우 흡사하다.

여호와는 네게 복을 주시고 너를 지키시기를 원하며 여호와는 그의 얼굴을 네게 비추사 은혜 베푸시기를 원하며 여호와는 그 얼굴을 네게로 향하여 드사 평강 주시기를 원하노라 할지니라 하라(민 6:24-26).

이 말씀은 제사장인 아론과 그의 후임자들에게, 백성이 하나님이 약속하신 복을 받아 누리도록 기도해야 하는 사명이 있음을 보여 준다. 사실, 이 개념은 이미 다음의 두 말씀을 통해 적용되었다.

여호와께서 아브람에게 이르시되 너는 너의 고향과 친척과 아버지의 집을 떠나 내가 네게 보여 줄 땅으로 가라 내가 너로 큰 민족을 이루고 네게 복을 주어 네 이름을 창대하게 하리니 너는 복이 될지라 너를 축복하는 자에게는 내가 복을 내리고 너를 저주하는 자에게는 내가 저주하리니 땅의 모든 족속이 너로 말미암아 복을 얻을 것이라 하신지라(창 12:1-3).

세계가 다 내게 속하였나니 너희가 내 말을 잘 듣고 내 언약을 지키면 너희는 모든 민족 중에서 내 소유가 되겠고 너희가 내게 대하여 제사장 나라가 되며 거룩한 백성이 되리라 너는 이 말을 이스라엘 자손에게 전할지니라(출 19:5-6).

믿음의 조상 아브라함을 부르시고 그의 후손인 이스라엘을 출애굽 시킬 때부터 하나님은 그들을 하나님과 열방을 섬기는 제사장 나라로 삼으셨다. 이스라엘을 통해 예배받으실 뿐만 아니라, 그들을 통해 모든 민족이 주님의 도를 깨닫고 구원을 얻어 하나님의 백성이 되는 놀라운 섭리와 계획을 베푸신 것이다.

그래서 시편 67편에는 주의 구원을 모든 나라에 알리는 선교와 심판하고 다스리시는 하나님께 감사와 찬송과 존귀를 올려드리는 예배가 날줄과 씨줄처럼 엮여 있다. 이와 같이 하나님을 높이며 찬양하는 예배와 모든 민족으로 하나님을 예배하게 하는 선교는 분리할 수 없는 하나다. 예배 가운데 하나님의 사랑과 은혜, 성품과 행하신 일들을 경험하며 깨닫게 되면, 자기도 모르게 그 놀라운 경이로움과 감동을 다른 이들에게 나누고 싶어지는 것이 당연한 수순이기 때문이다.

그렇다면 지금 우리의 예배는 어떤가? 예배 가운데 하나님이 부어 주시는 은혜와 사랑이 교회 건물 밖 세상으로, 주일이 아닌 소위 '평일'이라고 하는 시간으로 흘러가고 있는가? 혹시 웅덩이에 고여 있는 물처럼 아무 데도 흘러가지 않고 썩고 있지는 않은가?

이스라엘 백성은 아브라함처럼 복이 되어 세상을 향한 축복의 통로가 되려고 하지 않았다. 오히려 복을 따라가는 삶을 살았다. 복을 우상으로 삼은 것이다. 그 결과 하나님이 아닌 바알이 그들의 중심에 들어왔다. '복이 되라'는 말씀의 진정한 뜻을 몰랐기 때문이다. 아브라함 때부터 하나님은 그 복을 '무릎을 꿇다', '축복하다', '찬양하다'는 의미의 '바라크'(בָּרַךְ, barak)라고 말씀하셨다. 만복의 근원이 되시는 하나님 앞에 무릎을 드려 예배하는 자가 되라는 것이다. 하나님을 전 인격으로 사랑하라는 것이다. 하나님을 최상의 가치에 모시고, 그분께 최고의 사랑을 드리라는 것이다.

실종된 삶의 예배

A. W. 토저는 "우리가 월요일 오전 9시에 사무실로 들어가 '여호와께서 내 사무실에 계시니 온 천하는 그 앞에서 잠잠할지니라'고 말할 수 없다면, 우리는 주일에 하나님을 예배한 것이 아니다"라고 했다. 주일예배 후 교회 건물을 떠나면 예배가 끝난 것일까? 주님이 우리에게 원하시는 예배가 일주일에 한 번, 그것도 한 시간뿐이란 말인가?

좁은 의미의 예배, 예식으로서의 예배에는 마치는 시간이 있다. 하지만 넓은 의미의 예배, 삶으로 드리는 예배는 결코 마치는 시간이 없다. 그것은 주일을 넘어 매일 매 순간 예배가 삶이 되고 삶이 예배가 되도록 사는, 주님을 감동케 하는 '생활 예배'(롬 12:1-2)다. 그러므로 각자가 삶으로 드리는 일상 속의 예배는 교회 공동체가 한데 모여 드리는 주일예배와 밀접한 관계가 있다. 주일예배 때 주님과의 만남에서 오는 은혜는 성령과 능력의 기름부으심으로 말미암아 날마다 주님과 독대하는 개인 예배를 통해 심화되어, 사랑과 진리로 우리의 삶 속에 표현되어야 하기 때문이다. 바로 이것이 '회중 예배'에서의 존재론적 변화가 매일의 '개인 예배' 안에서 심화되어져 '생활 예배' 속에서 불러일으키는 실존론적 변화다. 그러므로 우리의 회중 예배가 내면적이고 사적인 영역의 만족으로만 끝난다면, 우리는 그 나머지 엿새를 그것을 유지하기 위한 성경 읽기나 묵상, 기도 같은 (이른바 '기독교적'이고 '영적'이라고 생각하지만, 그 실상은 자기중심적인) '종교적' 경건을 유지하는 데 그치고 말 것이다. 귀하게 보이지만 실상은 반쪽을 읽어 버린 경건이 되어 버린다는 말이다.

알렌(H. N. Allen) 선교사가 조선 땅에 도착한 1884년 이래, 백년이 훌쩍 넘는 시간 동안 한국교회는 놀랍게 성장했다. 하지만 영적, 인격적, 도덕적으로 성숙하는 대신 목회 성공을 위한 몸집 불리기에만 집중한 탓에 이제는 기독교가 아니라 '개독교'로 불리는 안타까운 상황에 처하고 말았다. 공장에서 많은 상품을 만들어 내보냈으나 품질 관리를 제대로 못 한 탓에 수많은 불량품이 쏟아져 나가고 만 것처럼, 교인수는 엄청나게 많아졌으나 사회의 질타 앞에 아무 말도 할 수 없는 반벙어리 같은 장애 교인이 늘어나고 말았다. 이는 모두 은혜와 복에 대한 자기중심적 가치에 사로잡혀 그 맛에 푹 빠져 있는 데서 온 현상이다. 이러한 맛에 중독된 이들의 영혼을 해독시킬 길은 오직 지성소에 들어가 보좌로부터 흘러내리는 생명수를 마시는 것이 무엇을 말하는지를 아는 예배자를 세우는 것뿐이다.

'예수 그리스도의 제자'라는 이름은 달고 있으나, 예수 그리스도처럼 자기를 부인하고 자신의 십자가를 지는 사람은 별로 보이지 않는다. 유능한 그리스도인은 많이 찾을 수 있으나, 훌륭한 그리스도인을 찾기가 힘들어지고 있다. 일명 '스타 목사'라고까지 불리는 유능한 목회자들은 사실 건강한 교회보다 성장하는 교회 만들기에만 몰두한다. 그러한 목회자의 영성의 흐름 속에 있는 교인들은 자신이 져야 할 십자가까지 주님께 맡기고 현세에서 성공하고 편안한 삶을 살고자 발버둥 친다. 이러한 삶을 내려놓지 못한 채 주일의 공동체 예배에 임한다면, 결코 하나님이 감동하시는 예배를 드릴 수가 없다. 이런 현상 때문에 목회자는 교인이 은혜받을 만한 말씀과 예배 콘티를 짜는 데만 치중하게 되고, 이는 결국 악순환으로 이어진다. 예배 정신의 선순환에서 멀어진 악순환의 고리는 교회와 세상에 대한 이원론적 세계관으로 우리를 꽁꽁 묶어 버리고, 독생자를 보내서서 죽게 할 만큼 세상을 사랑하신 하나님의 마음을 이해할 수 없게 만든다. 모든 생각이 이 땅에서 무엇을 먹고 마시며 살아갈 것인지에 대한 염려와 걱정, 야망에 사로잡혀 하나님을 자신의 필요를 채우는 수단으로 여기게 된다. 그리하여 '예배가 삶이고 삶이 예배다'라는 말의 의미를 깨닫지 못하게 된다.

그래서 지금 한국교회의 많은 예배가 사실상 표류 상태다. 공동체로 모이는 예배의 형편이 이러하니, 열방을 주님 앞으로 인도해야 할 삶의 예배는 실종 상태일 수밖에 없다. 한국교회의 선교가 세계 선교의 종주국의 위치를 향하고 있다고는 하지만, 그 안에 흐르는 선교 정신은 한국교회의 현주소를 넘지 못하고 있다. 그래도 한국선교 부흥 이후 의식이 있는 1세대 선교사들의 양심 속에서 이러한 고민과 반성이 올라오고 있고, 그것이 책임으로 자각되고 있기에 다행이다. 선교의 주체이신 성령님의 역사가 아닐 수 없다.

예수 안에서 예배와 선교는 하나다

부활하신 예수님은 스승을 배신했다는 죄책감과 실패감에 사로잡혀 낙향한 베드로에게 이렇게 물으셨다(요 21:15-17).

"요한의 아들 시몬아, 네가 이 사람들보다 나를 더 사랑하느냐?"

"요한의 아들 시몬아, 네가 나를 사랑하느냐?"

"요한의 아들 시몬아, 네가 나를 사랑하느냐?"

예수님은 그렇다고 대답하는 베드로에게 다시 이렇게 말씀하셨다.

"내 어린 양을 먹이라."

"내 양을 치라."

"내 양을 먹이라."

이는 그분의 제자를 양육하라는 말씀이다. '교육'이 아니라 '양육'하라고 하셨다. 이 말씀은 그분을 사랑하는 모든 그리스도인에게 주어진 것이다. 그런데 예수님의 제자 양육에는 핵심이 있다. 그것은 예수님이 하늘 아버지께로 올라가시기 전에 제자들에게 남겨 주신 사명인 선교다. 하나님을 사랑하는 것(예배)과 그분을 전하는 것(전도와 선교)이 이어져 있음을 보여 주는 대목이다. 예배와 선교가 하나라는 말이다.

예수께서 빌립보 가이사랴 지방에 이르러 제자들에게 물어 이르시되 사람들이 인자를 누구라 하느냐 이르되 더러는 세례 요한, 더러는 엘리야, 어떤 이는 예레미야나 선지자 중의 하나라 하나이다 이르시되 너희는 나를 누구라 하느냐 시몬 베드로가 대답하여 이르되 주는 그리스도시요 살아 계신 하나님의 아들이시니이다 예수께서 대답하여 이르시되 바요나 시몬아 네가 복이 있도다 이를 네게 알게 한 이는 혈육이 아니요 하늘에 계신 내 아버지시니라 또 내가 네게 이르노니 너는 베드로라 내가 이 반석 위에 내 교회를 세우리니 음부의 권세가 이기지 못하리라 내가 천국 열쇠를 네게 주리니 네가 땅에서 무엇이든지 매면 하늘에서도 매일 것이요 네가 땅에서 무엇이든지 풀면 하늘에서도 풀리리라 하시고(마 16:13-19).

주님은 "주는 그리스도시요 살아 계신 하나님의 아들"이라는 베드로(Petros)의 고백을 반석(petra) 삼아 그리스도의 교회를 그 위에 세우겠다고 말씀하셨다. 교회의 기초가 되는 베드로의 고백 속에는 '왕과 관련된 선교'와 '제사장과 관련된 예배'가 들어 있다. 그리스도인은 '왕 같은 제사장'(벧전 2:9)이기 때문이다.

주는 그리스도시요
이는 예수님이 왕이시라는 고백이다. 히브리어 '메시아'와 같은 의미인 헬라어 '그리스도'는 '기름부음 받은 자'라는 뜻을 갖고 있다.
　성경에서 기름을 붓는 것은 사명과 관계가 있는 행위다. 주님이 받으신 기름부음은 평강의 왕이신 그분이 세상의 모든 죄를 지고 가는 화목제물로 십자가에서 죽기까지 복종할 수 있는 근원이 되었다. 왕이 죄인의 자리에서 죽임을 당하는 고난을 통해 주님은 선교의 기반이 무엇인지 보여 주셨다.

오순절 날 약속의 성령이 임하자 권능을 받은 제자들로 말미암아 하나님의 교회가 탄생했고, 당시의 초대교회 교우들은 '예수는 그리스도다'라고 담대하게 복음을 증거했다(행 18:28).

살아 계신 하나님의 아들이시니이다

'하나님의 아들'은 아버지와의 관계를 강조하며 예수님이 대제사장이심을 고백한 것이다. 예배는 관계를 기반으로 하기 때문이다. 주님이 "네가 이것을 깨닫게 한 분은 하늘에 계신 내 아버지시다"(마 16:17)라고 말씀하신 것도 하나님이 우리네 인생들과의 관계를 얼마나 갈망하시는지 보여 주는 대목이다.

그래서 주님은 끊어지고 막힌 하나님과 우리의 관계를 회복하시기 위해 자신을 어린양으로 드려 인류의 모든 죄를 지고 십자가에서 영원한 '단번의' 제사를 드리셨다. 그분은 일이 아니라 관계를 위해 죽으셨다. 이것이 바로 제사장 사역의 본질이기 때문이다.

구약의 예언을 성취하신 예수 그리스도는 큰 대제사장이자 평강의 왕이셨다. 그리고 그분의 제자인 우리 역시 '왕 같은 제사장' 신분을 가진 이들이며, 이 신분 안에 예배자인 우리에게 성령과 능력을 부어 선교를 감당케 하시려는 주님의 마음이 흐르고 있다. 우리를 자신의 형상으로 창조하신 하나님은 영과 진리로 예배하는 성도에게 잃어버린 영혼들을 향한 아버지의 마음을 보이시며, 예배자의 배에서, 예배자의 가장 깊은 곳에서 성령의 샘을 터트려 강을 이루신다. 성령님은 주님의 마음을 보고 순종하는 예배자에게 성령의 역사를 이루셔서 하나님과 세상을 감동시키는 예배자가 되게 하신다. 이것이 하나님 나라를 이루는 선순환의 생명 역사다. 이것이 바로 선교다.

예배는 아버지의 마음을 경험하는 자리

하나님이 예배자를 찾으시는 가장 큰 이유는 사랑의 관계(Relationship) 때문이다. 하나님은 그 관계 안에서 세상을 향한 아버지의 마음을 나누기 원하신다. 지금도 이 하나님의 마음은 세상을 향해 쏟아지고 있다. 그 마음은 바로 요한복음 3장 16절에 흐르는 마음이다. 그 분은 독생자를 보내 죽게 할 만큼 세상을 사랑하셨고, 아버지의 뜻에 따라 기꺼이 제물이 되신 아들은 세상을 향한 사명을 유언처럼 남기셨다. 이 사명을 심장으로 이해하는 자만이 무리를 보고 '불쌍히 여기신' 예수님의 애간장 타는 마음을 알게 된다.

사실 하나님은 이런 예배자를 예수님이 이 땅에 오시기 훨씬 전부터 찾으셨다. 출애굽 한 모세와 이스라엘 백성이 성막제사를 하게 하신 것이 그 대표적인 예다. 성막제사는 율법시대에 인간이 하나님을 예배할 수 있는 유일한 틀이었다. 하지만 예수 그리스도께서 십자가 대속을 통해 하나님께 나아가는 길이 되어 주신 지금 우리에게 그 제사는 필요 없다. 그렇다면 구약의 율법은 불완전한 것일까? 그렇지 않다. 완전하신 하나님이 주신 것이기에 율법은 완전하다. 다만 사람을 의롭게 만들 수 없다는 면에서 불완전한 방편이고 불완전한 인간이 지킬 수 없는 것이기 때문에 불완전한 것일 뿐이다. 그래서 하나님은 이 불완전한 율법을 완성하시기 위해 아들 예수 그리스도를 보내셨다. 아버지의 사랑으로 율법을 완성하시기 위해서 말이다. 그러므로 그 십자가의 사랑을 믿고 받아들이는 사람은 누구나 그리스도의 의(義)를 통해 완전하다고 칭함을 받으며, 그분 안에서 새로운 피조물이 된다.

하나님은 시내 산 아래에서 참담한 죄악을 범한 이스라엘 백성에게 성막을 통해 이토록 놀라운 십자가의 사랑을 계시하셨다. 성막 전체가 예표하는 것은 예수 그리스도이며, 그분을 통해서 드러나는 복음이었다. 하지만 안타깝게도 이스라엘 백성은 죄의 문제를 해결하기 위해 제사행위만 반복했을 뿐, 그 가운데 담긴 하나님의 마음(중심)을 보지 못했다. 예배의 궁극적 목적에 대한 하나님과 인간의 청사진이 동이 서에서 먼 것처럼 거리가 있었던 것이다.

개인이 홀로 드리든 공동체가 함께 드리든 모든 예배는 삶으로 담아낼 수 있어야 한다. 거기에 이웃을 나의 몸과 같이 사랑하는 길이 있기 때문이다.

새 계명을 너희에게 주노니 서로 사랑하라 내가 너희를 사랑한 것같이 너희도 서로 사랑하라 너희가 서로 사랑하면 이로써 모든 사람이 너희가 내 제자인 줄 알리라(요 13:34-35).

각자의 삶을 통해 선교적 사명을 이루어 갈 제자들에게 주님은 제자도의 핵심이 사랑임을 가르치셨다. 그러므로 자신을 향한 구원과 사랑에만 집중하는 예배 공동체는, 아무리 예배를 많이 드리고 아무리 뜨겁게 예배한다 해도 땅 끝까지 나아가 제자 삼으라는 지상 대명령을 준행할 수 없다. 선교 사업을 화려하게 벌일 수는 있어도 진정한 선교를 할 수는 없다. 교회 공동체 안의 가치 때문에 모든 초점이 공동체 내부에만 맞춰지고, 공동체 안에서 벌어지는 일들에만 관심을 두며, 공동체를 키우고 확장하는 일에만 재정과 인력을 집중할 뿐이다. 심지어 복음을 전하고 제자 삼는 사역조차도 공동체의 머릿수를 늘리고 공동체의 비전을 세우고 필요한 일꾼을 세우는 데에만 초점을 맞추게 된다. 선교기구와 프로그램은 많으나 참된 선교정신이 빈약하다. 자신의 삶의 현장이 곧 땅 끝임을 알고 그리스도의 사랑으로 선교적 삶을 살아내는 이들이 매우 적다. 이처럼 선교의 핵심 가치와 동력이 사랑임을 삶으로 담아내지 못하는 개인이나 공동체의 선교는 예배의 장애 현상을 맛볼 수밖에 없다.

진정한 예배는 개인의 치유와 회복, 공동체의 성장을 위한 것이 아니다. 진정한 예배는 하나님 나라를 이루어 간다. 한 영혼이라도 더

구원하기 원하시는 하나님 아버지의 마음이 부어질 때, 예배가 삶이 되고 삶이 예배가 된 성도들이 세상의 소금과 빛이 되는 문화변혁자로 살아가면서 변질된 세상을 변화시킬 때, 하나님 나라가 그 삶의 현장에 임할 수 있다. 이 흐름이 없는 예배는 기독교 종교에 머무를 뿐이다. 하나님은 자기 자신이 아니라 열방을 바라보는 예배를 찾으신다. 세상을 향한 하나님의 시각과 시야가 없는 예배는 하나님이 원하시는 예배가 아니다. 날마다 가출한 아들을 기다리는 아버지처럼 열방만을 바라보시는 하나님을 만났는데, 어떻게 나나 우리 자신만 바라볼 수 있단 말인가? 십자가의 사랑을 정말 소유하고 있다면 불가능한 일이지 않겠는가?

다윗, 구약시대에 아버지 마음을 깨달은 예배자

구약시대에 살면서도 말씀 속에서 예수 그리스도의 십자가 복음에 나타난 하나님 사랑의 맥을 말씀 묵상을 통해 짚은 사람이 있다. 그는 바로 다윗이다.

다윗은 하나님이 기뻐하시는 예배는 수많이 드려지는 제사가 아니라 상한 심령임을 깨달았다. 하나님의 사랑 앞에 올바르게 반응하는 예배적 자세는 거룩하신 하나님을 향해 어두워진 마음을 깨뜨리는 것임을, 그것이 하나님의 마음을 아는 사랑의 기본임을 깨달은 것이다. 아브라함과 모세를 친구 삼으신 하나님은 예배자의 기본기를 확실히 갖춘 다윗도 친구로 대해 주셨다. 다윗이 주님이 마음에 합한 자로 살기 위해 노력하는 사람이었기 때문이다.

다윗이 하나님과 친구 됨의 복을 누린 예를 찾아보자. 다윗이 도피 생활 초기에 제사장 외에는 먹을 수 없는 성막의 떡 진설병을 먹은 일을 들 수 있다(삼상 21:1-6). 자신을 죽이려는 사울 왕의 의도를 요나단에게서 전해 들은 다윗은 피신할 수밖에 없었다. 그가 꼬박 사흘을 달려 도착한 곳은 당시 성막이 있던 놉 땅이었다. 너무 황급히 도망치느라 무기는커녕 식량도 챙기지 못한 그는 부하들을 생각하며 제사장인 아히멜렉에게 먹을 것을 부탁했다. 그런데 먹을 것이라고는 성소의 떡, 진설병뿐이었다. 진설병은 하나님께 드린 거룩한 떡으로, 율법에 따르면 제사장과 그의 식구들만 먹을 수 있었다(레 24:5-9). 하지만 아히멜렉은 다윗과 그의 부하들이 그곳까지 오는 길에 부정한 행위를 하지는 않았는지를 확인한 뒤 진설병을 내어 주었다. 그 떡을 받아든 다윗은 아무런 거리낌 없이 부하들과 나눠 먹었다. 율법대로라면 그 떡을 먹지 말았어야 했지만, 하나님의 마음 안에 흐르는 율법의 완성이 사랑임을 알았던 하나님의 친구 다윗은 믿음으로 진설병을 먹었다.

놀랍게도 이 사건은 예수님을 통해 재평가된다(마 12:1-13). 예수님의 제자들이 배가 너무 고파 밀 이삭을 훑어 먹었는데, 그날은 마침 안식일이었다. 그 장면을 목격한 바리새인들은 제자들이 안식일을 범했다며 비난했다. 그러자 예수님은 다윗이 진설병을 먹은 사건에 대해 말씀하셨다.

예수께서 이르시되 다윗이 자기와 그 함께한 자들이 시장할 때에 한 일을 읽지 못하였느냐 그가 하나님의 전에 들어가서 제사장 외에는 자기나 그 함께한 자들이 먹어서는 안 되는 진설병을 먹지 아니하였느냐 또 안식일에 제사장들이 성전 안에서 안식을 범하여도 죄가 없음을 너희가 율법에서 읽지 못하였느냐 내가 너희에게 이르노니 성전보다 더 큰 이가 여기 있느니라 나는 자비를 원하고 제사를 원하지 아니하노라 하신 뜻을 너희가 알았더라면 무죄한 자를 정죄하지 아니하였으리라 인자는 안식일의 주인이니라 하시니라(마 12:3-8).

율법의 문자적 해석과 기계적 준수보다 생명을 살리고 자비를 베푸는 것이 더 중요하다는 말씀이다. 이것이 바로 율법에 담긴 하나님 아버지 마음이다. 놀라운 것은 율법이 절대시되던 시대에 다윗은 하나님의 중심을 알고 그 은혜를 누렸다는 사실이다.

또 다른 사건은 다윗의 생애에서 가장 어두웠던 시절의 기록에서 찾을 수 있다. 하나님은 충성스러운 부하를 죽이고 그의 아내를 빼앗은 다윗에게 선지자를 보내 그의 죄를 꾸짖으셨다(삼하 11-12장). 다윗은 "네가 나를 업신여겨서 이 모든 죄를 범했다"(삼하 12:10 참고)라고 날카롭게 힐문하는 대언자 나단 선지자의 말 앞에서 즉시, 그리고 정직하게 잘못을 인정했다.

다윗이 나단에게 이르되 내가 여호와께 죄를 범하였노라 하매…
(삼하 12:13a).

다윗이 살던 시대에 죄의 문제를 해결하는 방법은 오직 하나, 모세의 율법을 따라 짐승제사를 지내는 것뿐이었다. 그런데 다윗은 짐승을 잡아 제사를 드리지 않았다. 대신에 그는 하나님 앞에 나아가 금식하며 기도했다(삼하 12:16). 그리고 하나님이 원하시는 진정한 제사에 대해 이렇게 고백했다.

주께서는 제사를 기뻐하지 아니하시나니 그렇지 아니하면 내가 드렸을 것이라 주는 번제를 기뻐하지 아니하시나이다 하나님께서 구하시는 제사는 상한 심령이라 하나님이여 상하고 통회하는 마음을 주께서 멸시하지 아니하시리이다(시 51:16-17).

다윗은 하나님이 제사 자체보다 죄로 어두워진 마음이 빛 가운데 깨어지는 것을 원하시는 분임을 알았다. 하나님이 그 누구든 죄로 말미암아 상하고 애통해하는 심령을 갖고 있다면, 궁휼과 자비를 베풀어 주신다는 사실을 '아버지 하나님과의 관계(예배)' 속에서 보았던 것이다.

다윗을 통해 만나는 하나님의 마음

마지막 세 번째는 예배와 관계된 기록에서 찾을 수 있다.

엘리 제사장 때 블레셋에게 빼앗긴 법궤는 우여곡절 끝에 예루살렘에서 서북쪽으로 10킬로미터 정도 떨어진 유다 지파의 땅 기럇여아림으로 옮겨졌다(삼상 4장-7:1). 그로부터 오랜 시간 후에 이스라엘의 왕이 된 다윗은 예루살렘으로 법궤를 가져와 장막에 넣어 두었다(대상 13장, 15장). 그리고 노래하는 사람들과 악기 연주하는 사람들을 모아 찬양하게 하고 온 백성과 함께 하나님께 나아갔다. 모세의 성막과 달리 이 장막에서는 법궤가 사람들 앞에 그대로 드러나 있었다.

법궤를 옮겨 올 당시 성막은 기브온에 있었다(대하 1:3). 결국 기브온에는 법궤를 제외한 모든 제사 도구가 있는 성막이, 예루살렘에는 법궤만 있는 장막이 존재하게 되었다(대상 16:37-43; 대하 1:1-6). 왜 다윗은 기브온에 있는 성막이 아니라 예루살렘의 자신이 세운 장막에 법궤를 갖다 놓았을까?

다윗 자신이나 제사장 같은 대표자 몇 사람이 아니라 모든 사람이 나아와 찬양하고 예배하기 원하시는 하나님 아버지의 마음을 보았기 때문이다(대상 16:8-9, 23-24). 이스라엘 혈통뿐만이 아닌 이방인들까지도 말이다(28-29절). 구약시대의 사람인 다윗이 어떻게 해서 율법의 본뜻과 그것을 완성하는 하나님의 은혜를 깨닫게 되었는지 성경은 명확하게 말해 주지 않는다. 그러나 한 가지 분명한 것은 율법시대에 은혜를 누린 다윗을 통해 하나님의 마음을 엿볼 수 있다는 사실이다. 다윗은 하나님의 마음을 따라 순종하는 삶을 산, 하나님의 친구 같은 예배자였다(행 13:22). 그의 삶 속에서 우리를 향한 하나님의 마음을 발견할 수 있다.

이제 더 깊은 고민으로 나아갈 때다

교회는 예수 그리스도가 베드로의 고백(하나님이 가르쳐 주신)을 반석 삼아 세우신 그분의 몸이다. 인생의 모든 문제를 해결하신 예수 그리스도의 십자가 승리로 말미암아 음부의 권세는 결코 교회를 이기지 못한다. '여자의 후손이 네 머리를 상하게 할 것'(창 3:15)이라는 하나님의 말씀이 예수 그리스도의 십자가로 성취되었기 때문이다. 이빨 빠진 독사와 사자처럼 결정적인 힘을 잃어버린 사탄은 이젠 악한 흉계(凶計)로 '도적질하고 죽이고 멸망시키는' 게릴라처럼 우리를 공격해 온다(요 10:10). 특히 잃어버린 영혼을 주님께 인도하는 선교는 하나님 나라와 사탄 사이에서 벌어지는 영적전쟁의 한가운데에서 진행되고 있다.

사도 바울이 그리스도인을 '병사'에 비유한 것도 그 때문이다(딤후 2:3). 하지만 바울은 그리스도의 남은 고난에 참여하는 것을 자신에게 주어진 특권으로 이해했고, 그 덕분에 "내가 달려갈 길과 주 예수께 받은 사명 곧 하나님의 은혜의 복음을 증언하는 일을 마치려 함에는 나의 생명조차 조금도 귀한 것으로 여기지 아니하노라"(행 20:24)고 고백할 수 있었다.

목회자인 당신 자신과 당신이 섬기는 예배 공동체가 '선교적 예배'(Missional Worship)의 자리로 나아가기 원한다면, 바울처럼 그리스도의 고난에 참여하는 것을 특권으로 여기고 그분의 복음과 그분의 나라를 위해 자신의 모든 것을 기꺼이 내려놓는 거룩한 포기가 있어야 한다. 거룩한 산 제물의 자기 포기 말이다. 그러한 내려놓음이 없다면, 아무리 예배 가운데 하나님을 열정적으로 찬양하며 그분의 보좌 앞에 선다고 해도 십자가 없는 부활과 같이 중심을 흔드는 감동이 없을 수밖에 없다. 그저 자기 감정에 취할 뿐이다. 진정한 선교적 예배에는 격동하는 한국 사회의 현실을 향한 하나님의 눈과 마음을 품고, 마치 바울이 마게도냐 지경으로부터 '와서 우리를 도우라'는 환상을 보았던 것처럼 세상이 요청하는 구원의 소리를 들으며 자신을 드리는 헌신이 있다. 그러한 예배 가운데 자신을 하나님이 기뻐하시는 거룩한 산 제물로 드리는 예배자가 세워지고 있기 때문이다.

그러므로 선교적 예배자 안에는 역사의 주인이 되시는 하나님의 마음, 이 세상을 향한 아버지의 관심과 사랑이 흐른다. 이것이 진정한 역사의식의 핵이다. 우리가 드리는 예배 역시 이 핵이 있어야 한다. 하나님이 찾으시는 예배자는 하나님의 눈과 마음으로 역사와 사회를 바라보는 눈이 있다. 그래서 하나님은 주의 전에 자신의 눈과 마음을 항상 두시겠다고 하셨다(대하 7:16). 예배를 인도하고 말씀을 선포하는 담임목사에게는 이 눈과 마음이 있어야 한다.

이제 담임목회자는 다음과 같은 고민을 시작해야 한다.

- "우리 공동체의 예배는 지금 어떠한가? 삶의 현장과 괴리된 예배를 드리고 있지는 않은가?"
- "월요일부터 토요일까지 삶의 현장과 맞닿아 있는 예배를 드리려면 어떻게 해야 할까?"
- "어떻게 해야 예배 가운데서 자기 자신이 아니라 열방과 사회를 바라볼 수 있을까?"
- "선교적 예배를 드리려면, 그 안에 흐르는 정신이 회중을 사로잡게 하려면, 어떻게 준비하고 어떻게 진행해야 할까?

쉽게 답을 얻기 힘든 질문들이지만, 포기하지 말고 우리 삶의 정황과 맥락을 가장 잘 알고 계시는 하나님의 눈과 마음을 구해야 한다. 답이 없어 보이는 고민에 빠져 있는 바로 당신의 마음에 하나님이 눈을 밝혀 주셔서, 세상을 감당하는 믿음으로 충만한 예배자로 세워 주실 것이다.

그래서 존 파이퍼(John Piper)는 그의 저서《열방을 향해 가라》(좋은씨앗 역간)에서 예배와 선교의 관계를 다음과 같이 설명하는데, 예배와 선교의 관계를 탁월하게 정리한 내용이라 생각되어 '감사하는 마음으로' 소개하며 글을 마치고자 한다.

선교는 교회의 궁극적인 목표가 아니다. 예배가 그 목표다. 예배가 없기 때문에 선교가 필요한 것이다. 이 시대가 끝나고 구속받은 셀 수 없이 많은 이들이 하나님의 보좌 앞에서 머리를 조아리게 될 때 선교는 더 이상 존재하지 않을 것이다. 이는 일시적으로 필요한 것일 뿐이다. 그러나 예배는 영원히 남는다. 예배는 선교의 연료요, 목표다. 예배가 선교의 목표라 함은, 선교할 때 우리가 오로지 열방을 인도하여 하나님의 영광을 높이려는 목표를 가지고 있기 때문이다. 선교의 목표는 열방이 하나님의 위대하심을 보고 기뻐하게 하는 것이다. 선교는 예배로 시작해서 예배로 끝난다.

조건희 목사는 20여 년 전, 찬양과 경배 운동이 한국 교회에 널리 파급되던 때에 압구정 소망교회에서 '호산나 목요찬양모임' 지도목사로서 교회 중심의 찬양과 경배 운동을 일으켰다. 예배사역에 대한 깊은 관심과 열정으로 말미암아 한국 다리놓는사람들 2대 대표로서 13년 동안 전국적인 예배인도자 콘퍼런스를 개최하고 사역의 국제화에 기여했다.

현재 서울 예능교회(전 연예인교회)를 22년째 담임하는 목사로서 경배와 찬양 운동에 흐르는 영성을 목회 현장에 적용하여 예배의 부흥을 경험한 그는 거두어 드린 귀한 열매들을 한국교회에 나누는 것을 주님이 주신 사명으로 알고 '예배 목회연구원'을 설립하여 팀워크를 통한 예배 멘토십 사역은 물론 정기적인 세미나를 통해 교회 예배사역의 업그레이딩을 위해 섬기고 있다.

장로회 신학대학원(M.Div)과 연세대학교 신학대학원(Th.M)을 졸업했고 미국 시카고의 맥코믹신학대학교에서 목회학 박사(D.min) 학위를 받았다. 한성엽 사모와의 사이에 그리스도의 마음으로 세상을 품은 두 아들 영범과 영준을 두었다.

저서로는 《신앙위인들의 기도》(도서출판 바울서신), 《예배, 하나님과의 만남》, 《예배, 하나님께 드리는 응답》(이상 다리놓는사람들), 《예배 팀 사역의 노하우》(공저, 다리놓는사람들)가 있고, 치유를 주제로 하는 음반 〈아무것도 염려치 말고〉(1999년, 라이트하우스)를 출시한 바 있다.

4부

담임목사가 시도해야 할 예배의 실제

조건회

13장 지금 우리가 서 있는 예배의 자리

담임목사의 고민을 통해 바라본 한국교회 예배의 현실

담임목사, 예배를 고민하다

'웬만한 것은 전부 갖췄는데 예배가 달라지지 않는다. 전통 예배의 한계는 진작부터 느끼고 있었지만, 무엇을 어떻게 바꿔야 할지 여전히 모르겠다. 강요하지 않으면서도 회중이 자연스럽게 더 적극적으로 예배하도록 돕고 싶은데, 답이 없다. 예배 시간에 자꾸만 하나님이 아니라 자기 자신에게 초점을 맞추게 된다. 온 가족이 함께 하나님을 찬양할 노래가 없다. 게다가 교회에서는 그렇게 할 수 있는 예배의 자리조차 없다.'

교회 공동체를 섬기고 있는 담임목회자라면 누구나 예배에 관해 이런 실제적인 고민을 하고 있을 것이다. 그래서 우리는 문제의식을 느끼는 부분에 대해 구체적인 조치를 취한다. 예배 형식을 바꾸고, 예배 때 사용하는 노래와 악기 구성에 변화를 주고, 사역자를 양성하기 위해 젊은이들을 외부 훈련 프로그램에 보내고, 유명한 예배인도자를 초빙한다. 이는 모두 분명히 필요하고 작게라도 변화의 열매가 나타나는 시도들이지만, 고민하는 바를 완전히 해소해 주는 해결책은 아니다. 교회 공동체의 예배란 몇 가지 요소를 바꿔서 확 달라지는 단순한 차원의 문제가 아니기 때문이다. 그래서 많은 경우, 예배의 변화를 추진하다가 결국에는 "그냥 하던 대로 합시다"라고 결론짓고 체념한다.

여기서 우리는 본질적인 질문을 던지지 않을 수 없다. 지금 우리의 예배가 그토록 문제투성이라는 말인가? 도대체 우리는 지금 어떤 예배를 드리고 있는가? 몸이 아플 때 찾아가는 의사처럼 예배에 관해서도 찾아가 진단받을 수 있는 누군가가 있다면 얼마나 좋을까?

하지만 안타깝게도 지금 한국교회에는 저마다 다른 예배 환경에서 나타나는 다양한 문제를 진단하고 대안을 모색해 줄 전문가 그룹이 없다. 기껏해야 외국의 사례를 옮겨놓은 예배 관련 서적을 읽는 것이 유일한 자구책인데, 이것도 이미 알고 있거나 시도해 본 내용일 가능성이 크다. 그러나 늘 자신의 목회 현장에서 예배를 놓고 치열하게 고민하며 씨름하는 담임목회자들이 흔히 제기하는 문제를 한데 모아보면, 더욱 실제적이고 구체적인 진단을 할 수 있다. 또한 이것을 통해 우리의 예배와 관련된 전혀 새로운 통찰을 얻고, 지금까지와는 전혀 다른 해결책도 이끌어 낼 수 있을 것이다. 이제부터 살펴볼 내용은 나 자신과 주변 목회자들의 경험, 그리고 내가 섬긴 예배 세미나와 집회에 참석한 목회자들이 들려준 이야기들이다. 교회 공동체 예배에 관해 가장 많이 고민하고 기도하며 준비하는 현장 목회자들의 실제적 고민을 통해 한국교회 예배의 현실을 간접적으로 파악할 수 있을 것이다.

담임목사들의 고민을 통한 우리 예배의 현주소 찾기

"전통 예배가 매너리즘에 빠져 있다. 침체된 분위기를 쇄신하고 예배의 기름부음을 회복하려면 어떻게 해야 할까? 하나님께 더 많이 반응하는 예배를 드리고 싶지만, 어디서부터 어떻게 손을 대야 할지 막막하다."

예배는 하나님의 창조 역사와 구속의 은혜, 일상적인 보호와 인도하심의 은총에 대한 반응으로 주님의 존전에 나아가 감사와 찬양과 경배를 드리는 것이다. 또한 예배학의 관점에서 보면, '예수 그리스도 안에 계시된 하나님의 은총에 대한 인간의 반응'이 예배의 핵심 본질이다. 이것을 이해한다면 누구나 예배 때마다 감격에 겨워 하나님과 사랑의 입맞춤을 하지 않을 수 없다. 그런데도 공동체 예배가 매너리즘에 빠져 성령의 기름부음을 잃어버린 채 침체되고 있다면, 다음의 두 가지 질문을 던져 봐야 한다.

"지금 우리는 구원의 감격을 상실한 채 예배하고 있지 않은가?"

"지금 우리는 하나님이 아니라 나 자신의 정서와 필요와 상황에 따라 예배하고 있지 않은가?"

바리새인들을 생각해 보라. 그들도 원래는 율법을 철저하게 지키며 구별된 신앙생활을 하고 싶어 노력하던 사람들이었다. 하지만 시간이 흐르고 율법의 근본정신인 사랑이 식으면서 그들은 점차 율법의 문자 조항에 집착하고, 의무감에 형식적으로 율법을 지키는 종교인이 되어 버렸다.

우리도 마찬가지다. 나를 구원하시고 예배자로 부르신 하나님의 은혜와 오직 그분만이 예배받기 합당한 하나님이심을 잊는다면, 누구나 '(사랑의 마음으로) 드리는' 대신 '구경하거나 받으려는' 태도를 취할 수밖에 없다. 안타깝게도 이것이 바로 설교와 찬송과 기도, 광고를 구경하고 입장료(헌금)를 내고 돌아가는 '관객'으로 가득한 한국 교회 예배의 현실이다.

왕이 된 후 솔로몬은 하나님께 일천번제를 드렸다. 하나님께 무엇을 받기 위해서가 아니라 오로지 감사와 헌신의 마음으로 드린 제사였다. 그럼에도 하나님은 솔로몬에게 복을 주셨다. 그가 구했던 지혜는 물론 구하지 않은 부귀영화까지 덤으로 주셨다. 이것이 참된 예배자의 모습이다. 받기 위해서가 아니라 드리기 위해 예배할 때, 하나님의 은혜와 복이 오히려 주어진다. 예배의 정신은 '받음'이 아니라 '드림'이다. 이것을 잃어버렸기 때문에 생명력 없고 기름부음이 사라진 예배를 드릴 수밖에 없는 것이다.

"예배 변화와 관련된, 비목회자 리더들(장로 그룹) 혹은 전통예배 관계자들(성가대 지휘자 등)과의 갈등을 어떻게 극복하며 나아갈 것인가? 성가대와 찬양 팀과의 갈등을 지혜롭게 조정하고 조율하려면 어떻게 해야 할까?"

이는 침체된 공동체 예배의 돌파구를 찾기 위해 애쓰며 끊임없이 새롭고 다양한 형식을 시도하는 목회자들이 자주 하는 질문이다. 참으로 귀한, 한국교회의 보배 같은 이들이다. 예배 분위기가 어떻게 흘러가든 자신의 설교에 대한 반응과 교인수에만 관심을 둔다면, 이런 질문은 절대 하지 않을 것이다.

그런데 이 질문은 교회 공동체 가운데 예배 변화와 관련된 갈등과 혼란이 빈번하게 일어나고 있음을 보여 주는 증거다. 한국교회에 '예배에 손가락 하나 건드리지 못하게 하는' 교회 지도자들이나 예배 관계자들이 많다는 의미이고, (너무나 안타까운 일이지만) 지혜롭지 않은 방식으로 예배 변화를 시도하는 담임목사가 많다는 의미다. 그들은 십중팔구 다짜고짜 새로운 방식을 밀어붙였을 것이다.

사실 예배 형식을 바꾸는 것은 (지금 우리가 한복이 아니라 현대적 의복을 입는 것처럼) 시대와 세대의 변화에 맞게 옷을 갈아입는 것과 같은 일이다. 옷을 바꿔 입으면 몸의 구조도 바뀐다고 생각하는 사람은 없다. 옷(형식)을 갈아입는다고 몸(내용)이 변화되는 것은 아니기 때문이다. 옷(형식)을 갈아입는다고 행동이 달라진다면, 그는 옷에 양심과 정신을 팔아 버린 사람일 것이다. 시대적인 흐름에 따라 즐겨 입는 옷의 스타일은 바뀐다. 형식은 언제나 변하는 법이다. 중요한 것은 본질이다. 본질이 변해서는 안 되기 때문이다.

예배도 마찬가지다. 얼마든지 본질을 유지하면서도 형식이라는 옷을 갈아입을 수 있다. 문제는 성경적 예배에 대한 무지와 오해 때문에 (옷을 갈아입을 때 몸까지 바뀌는 줄로 착각해서) 무작정 변화를 두려워한다는 사실이다. 교회 중직자나 성가대 지휘자 중에도 그런 사람이 많다.

이것은 새로운 예배 형식을 시도하면서 '무작정 옷부터 갈아입히려' 들었기 때문에 벌어진 결과다. '옷이 바뀌어도 몸은 바뀌지 않는다'는 사실부터, 즉 예배의 성경적 본질부터 차근차근 가르쳐 주지 않았다는 말이다. 그런데 어떻게 안심하고 예배 형식의 변화에 적응할 수 있겠는가?

사실 성도들이 예배 형식의 변화를 두려워하고 꺼리는 데에는 몇 가지 이유가 있다. 첫 번째는 변화에 대한 저항이다. 항상성을 유지하고 안정감을 추구하려는 본능 때문에 일어나는 반응인데, 특히 나이가 많은 사람들에게 자주 나타난다. 두 번째는 익숙한 것을 포기하기 어렵기 때문이다. 세 번째는 본질을 모르기 때문이다. 본질을 모르니까 형식에 목을 매는 것이다.

이것이 바로 예배 형식을 바꾸려 할 때, 중직자와 장년 성도들이 민감하게 반응하며 반대하는 속사정이다. 사실 이것은 당연한 반응이다. 개교회 차원에서 지속적으로 성도들에게 성경적 예배관을 심어 주는 교육과정이 없기 때문이다.

교회에서 중직을 맡고 있고 신앙연륜이 오래된 성도 중에 예배의 진정한 본질이 무엇인지 제대로 이해하지 못하는 사람이 의외로 많다. '예배는 하나님과의 만남이자 하나님의 은총에 대한 반응이며, 예배자의 삶으로 이어져야 한다'는 최소한의 인식마저 갖고 있지 않은 것이다.

그러므로 예배 변화와 관련해서 교회 내 갈등을 걱정하고 있다면, 예배 형식과 분위기에 손을 대기 전에 먼저 장단기 예배 교육과 훈련을 시작하기 바란다. 또한 중직자들과 함께 현대적 형식과 분위기에서도 은혜롭게 예배하는 교회들을 방문해서 다양한 예배 경험을 쌓게 하자. 그럴 시간이 없다고? 본 교회의 주일 1부 예배를 드린 뒤에 다른 교회의 예배에 참석하면 간단하게 해결되는 문제다.

그리고 강단에서 '미래(다음 세대)가 있는 교회 공동체'를 이루기 위해서는 '전통과 현대를 겸비한' 예배로 나아가야 한다는 것을 설교와 강의를 통해 지속적으로 역설해야 한다. 우리의 다음 세대인 청소년과 청년들은 대부분 현대적 형식의 예배를 드리고 있다. 그런 친구들이 '어른이 되었다는 이유로' 하루아침에 전통적 예배에 참여하고 적응할 수 있을까? 그것은 청바지를 좋아하는 사람에게 갑자기 정장을 입고 다니라고 강요하는 것과 같다.

그들은 중고등부와 청년부 시절 내내 그들만의 문화를 존중받으며 교회 생활을 해 온 사람들이다. 하루아침에 자신들의 문화와 전혀 맞지 않는 예배를 드려야 하는 현실 앞에서 그들이 "여기는 내가 있을 곳이 아닌 것 같아"라고 반응하는 것은 지극히 당연한 일이다. 이것은 먼 나라 이야기, 남의 일이 아니라 바로 우리 교회의 미래다. 우리의 자녀들이 자신의 문화를 수용해 주는 곳을 찾아 떠나게 될 날이 얼마 남지 않은 것이다. 예배의 본질적인 개혁과 함께 예배 형식의 변화를 준비하고 연구하지 않으면 교회의 장래는 암담할 뿐이다. 그러므로 교회 공동체를 이어갈 다음 세대를 위해서라도 예배의 옷을 조금씩 갈아입으며 미래를 준비해야 한다는 메시지를 반복해서 전해야 한다.

이렇게 예배 변화를 위한 '기초 공사'부터 차근차근히 해 나간다면 전통적 예배 패러다임에서 벗어나려고 할 때 민감하게 다뤄야 할 관계, 예를 들어 성가대와 찬양 팀과의 관계 같은 경우도 어렵지 않게 풀어갈 수 있다. 이 문제에 대해 실제적인 조언을 하자면, 앞서 나눈 예배 교육을 시작하는 가운데 성가대와 찬양 팀이 연합하여 하나 될 수 있는 발판을 지속적으로 마련해 주는 것이 좋다.

예를 들어 성가대만 있고 찬양 팀이 없는 교회라면, 성가대원 중에서 노래를 잘하는 이들을 선발하여 찬양 팀을 만들어 보라. 찬양하는 시간에는 성가대 가운을 입은 채로 나와서 인도하다가 성가대가 찬양할 때 합류하는 것이다. 그렇게 하는 가운데 성가대와 찬양 팀을 서서히 분리하면 쉽게 가족 의식을 갖고 사역할 수 있다. 또한 (교회의 형편이 허락된다면) 예배 음악을 전담하는 목회자를 세워 성가대와 찬양 팀을 모두 통괄하게 하는 것도 서로 불필요한 갈등을 최소화하는 데 도움이 된다.

"어떻게 해야 늘 생명력 있고 신선한 관점으로 설교할 수 있을까?"
설교는 나의 전문 분야가 아니다. 그러므로 이 책에서 나눌 수 있는 것은 어디까지나 '예배 컨설팅'의 차원에 국한된다는 점을 이해해 주기 바란다.

목회자라면 누구나 설교에 목숨을 건다. 언제나 설교 준비에 큰 우선순위를 두고 최선의 노력을 기울인다. 그럼에도 갈수록 설교에 대한 고민이 깊어지는 것은, 최근 한국교회에서 교회 공동체의 예배를 생기 없고 식상하게 만드는 가장 큰 요인 중 하나가 설교임을 보여 준다. 아직도 설교를 예배의 핵심으로 인식하는 한국교회의 현실에서, 생명력을 잃고 초점 없이 매너리즘에 빠진 메시지가 공동체 예배에 어떤 영향을 미칠지에 대해서는 따로 설명할 필요가 없을 것이다. 그러므로 반드시 예배 변화와 동반해서 추진해야 하는 설교의 변화를 위해 담임목사는 스스로에게 다음의 질문들을 던져 봐야 한다.

첫 번째는 "회중이 설교 메시지를 설교자 자신의 이야기, 그리고 더 나아가서 회중 자신의 이야기로 받아들이고 있는가?"다. 안타깝게도 요즘 한국교회의 강단에는 성도들이 '이거 내 이야기잖아?'라고 놀라거나 마음에 찔림을 받을 설교가 드물다. 듣는 이가 자기 자신의 이야기로 받아들이지 않는 설교는 허공에 흩어지는 연설로 그칠 뿐이다. 강단에서 선포되는 말씀은 남이 아니라 내게 주시는 하나님의 말씀이라고 생각할 정도로 피부에 와 닿을 수 있어야 한다. 설교 시간을 통해 회중의 관심 영역에 다가가, 그들이 현재 당면하고 있는 문제 해결의 포인트를 알려 주어야 한다는 뜻이다.

두 번째는 "내가 섬기는 회중은 주로 어떤 설교에 반응하는가?"다. 한국교회 성도들은 주로 어떤 설교에 감동을 할까? 다양한 목회자를 만나 예배 컨설팅 사역을 하면서 경험한 바에 의하면, 그 답은 바로 '은혜적 설교'다. "하나님은 사랑이십니다"라는 설교는 '철학적' 설교, 혹은 '사변적' 설교다. 또한 "우리는 하나님을 사랑해야 합니다"라는 설교는 '윤리적, 율법적' 설교(성도들이 가장 듣기 힘들어 하는 스타일인)다. 그렇다면 은혜적 설교란 무엇인가? 바로 "하나님은 당신을 사랑하십니다"라고 이야기하는 설교다. 한국교회의 성도들은 이런 말씀을 듣고 싶어 한다.

마지막 세 번째 질문은 "내 설교에는 지속적으로 유지되며 일관성 있는 초점, 혹은 방향이 있는가?"다. 안타깝지만 이 질문에 긍정적으로 답할 수 있는 설교자는 그리 많지 않을 것이다. 이런 경우에 효과적인 설교 방식은 '시리즈 설교'다. 한 가지 주제를 대여섯 번 정도로 나누어 연속 설교를 하는 것이다. 시대상을 반영하거나 실제 삶과 밀접한 주제를 시리즈로 설교하면, 주된 메시지가 반복되면서 회중의 삶에 강력한 영향을 미칠 뿐만 아니라 듣는 사람도 기대감으로 신선하게 말씀을 접할 수 있다.

다음은 저자가 예전에 전했던 시리즈 설교의 주제와 내용이다.

〈골리앗을 향한 물맷돌〉 시리즈	1. 골리앗의 도전 앞에서(삼상 17:41-49) 2. 돈이라는 골리앗(딤전 6:7-10, 17-19) 3. 술이라는 골리앗(잠 23:29-35) 4. 상처와 쓴뿌리라는 골리앗(히 12:14-17) 5. 성(性)이라는 골리앗(삼하 11:1-5) 6. 스트레스와 우울의 골리앗(왕상 19:1-8)
〈소통을 잘하는 매력 있는 삶〉 시리즈	1. 경청의 매력(행 14:8-10) 2. 칭찬의 매력(마 8:5-13) 3. 유머의 매력(창 17:15-19) 4. 눈 맞춤의 매력(눅 19:1-10) 5. 솔직함의 매력(요 4:13-19) 6. 부드러움의 매력(민 12:1-13)
〈우리를 도우시는 성령님〉 시리즈	1. 결코 정죄함이 없나니(롬 8:1-4) 2. 생각과 운명(롬 8:5-11) 3. 성령의 인도함을 받는 사람(롬 8:12-17) 4. 장차 나타날 영광(롬 8:18-25) 5. 우리를 도우시는 성령님(롬 8:26-28) 6. 부르심의 비밀(롬 8:28-30)
〈내 영혼의 쉴 만한 물가〉 시리즈	1. 나의 목자이신 하나님(시 23:1-6) 2. 쉼을 주시는 하나님(시 23:1-6) 3. 의의 길로 인도하시는 하나님(시 23:1-6) 4. 위기에서 건져 주시는 하나님(시 23:4) 5. 상을 베푸시는 하나님(시 23:1-6) 6. 영원한 집에 거하게 하시는 하나님(시 23:6)
〈누가 주인입니까?〉 시리즈	1. 누가 시간의 주인입니까?(출 20:8-11) 2. 누가 재물의 주인입니까?(눅 12:13-21) 3. 누가 소득의 주인입니까?(말 3:7-12) 4. 누가 재능의 주인입니까?(마 25:14-15, 24-30) 5. 누가 역사의 주인입니까?(렘 18:3-12) 6. 누가 인생의 주인입니까?(출 3:4-12)

"설교 전 찬양, 설교, 설교 후 찬양을 서로 조화시키려면 어떻게 해야 할까?"
예배 때 설교와 찬양의 주제가 일치하지 않는 것은 전통적인 예배와 현대적 예배 양측 모두에서 빈번하게 발생하는 문제다.

설교와 찬양은 주제의 측면에서 일관성이 있어야 한다. 그래서 예배 기획에서 제일 먼저 해야 하는 것이 바로 설교 주제 선정이다. 주제를 정해야 설교의 본문과 제목을 정할 수 있고, 그것에 맞게 찬양을 선곡할 수 있기 때문이다. 찬양인도자가 없으므로 담임목사 혼자 모든 예배 순서를 결정하는 전통적 예배에서조차 성가대와 찬양의 주제를 조율하는 과정이 필요하다. 하지만 한국교회는 (공동체 예배가 원맨쇼가 아님에도) 설교자와 예배 관계자들의 명확하고 적극적인 소통이 여전히 부족한 것 같다. 이 책임은 전적으로 설교자이자 영적 지도자인 목회자들에게 있다. 예배 변화의 가장 큰 핵심 요소 중 하나가 찬양과 경배인데도 예배 관계자들과 의사소통하지 않는 것은, 큰 안목에서 예배를 바라보지 못한 채 자신이 맡은 설교에만 매달려 있기 때문이다.

따라서 (할 수만 있다면) 예배기획 '팀'을 꾸려 운영해야 한다. 여의치 않다면 설교자와 찬양인도자 두 사람만이라도 정기적으로 만나 예배를 준비하라. 앞에서 나눈 시리즈 설교를 한다면 더더욱 이런 모임이 필요하다. 매주 모여 설교 주제를 나누고 어울리는 찬양 곡을 고르며, 강단의 장식이나 무대장치, 조명 사용, 동영상 자료의 사용 등을 놓고 머리를 맞대고 의논해야 한다.

또한 설교 후 찬양을 부르기 전에 회중이 자신의 입술을 열어 설교 말씀에 반응할 만한 시간을 주는 것도 효과적이다. 설교자의 기도로 설교를 마치는 것이 아니라 선포된 말씀대로 살 것을 결단하며 통성으로 기도하는 것이다. 이러한 시간은 성도들에게 믿음으로 살아갈 동력을 주고, 그들이 능동적으로 예배하며 하나님께 영광을 돌리게 해준다.

"형식과 음악, 회중의 연령에 따라 시간대별로 차별화된 예배를 드릴 때, 고려해야 할 점은 무엇인가?"

이미 많은 교회가 시간대별로 차별화된 예배를 드리고 있다. 이런 경향에 대해 어떻게 생각하는가? 예배신학자 중에는 현대 교회의 이런 모습을 '소비자(성도)의 입맛에 맞추려는 마케팅 기법'의 도입이라고 비판하는 사람도 있다. 하지만 나는 이것이 회중의 입장에 서서 그들이 자신의 연령에 맞고 익숙한 방식으로 하나님께 나아가도록 돕는 '성육신적' 접근이라고 생각한다. 다만 이런 시스템으로 예배할 때 심각하게 고려해야 할 문제가 하나 있다. 그것은 바로 예배 형식에 따라 참석자가 장년층과 청년층으로 완전히 분리된다는 점이다.

이 점을 간과한 채 무조건 예배를 분리하면 장년과 청년이 함께 모여 예배할 기회가 사라지고, 더 나아가 세대별로 완전히 이질적인 예배 문화를 추구하는 '예배 세대차' 현상이 나타나게 된다. 이것은 교회 공동체의 연합과 하나 됨에 치명적인 요인으로 작용한다. 한국교회에도 이런 상황에 처해 있는 교회(특히 대형교회일수록)가 하나둘 늘어가고 있다. 학교처럼 모든 공동체 활동을 연령별로 나누다 보니 젊은 세대와 장년 세대가 한데 모여 예배하고 그리스도 안에서 한 몸임을 확인할 수 있는 자리가 없어진 것이다.

그런 점에서 전통적 요소와 현대적 요소를 모두 포함하고 있는 통합적 예배(Blended Worship) 방식이 대안이 될 수 있다. 기성세대와 젊은 세대가 같은 시간과 장소에 함께 모여 예배할 수 있는 형태이기 때문이다. 게다가 조금만 아이디어를 낸다면, 이런 예배 형태를 통해 개인이 아니라 가족을 최소 단위로 하며 어린아이부터 노인까지 모든 성도가 참여하는 '온 세대 예배' 혹은 '세대 간 예배'도 소화할 수 있을 것이다.

"예배 시간에 찬송가와 경배곡을 조화롭게 사용하려면 어떻게 해야 할까?"
예배의 형식 못지않게 '예배 세대차' 현상이 극명하게 나타나는 영역이 바로 '찬양'이다. 여러분이 섬기고 있는 교회 안에도 연령에 따라 '부를 수 있는' 노래와 '부를 수 없는' 노래가 나뉠 것이다. 대부분 한국교회가 비슷한 양상을 보이고 있다.

이런 상황에서 예배 시간에 찬송가와 경배곡을 함께 사용하려면 먼저 알아야 할 것이 있다. 대부분이 '이미 아는' 찬양에서 은혜를 받는다는 점이다. 아무리 좋은 노래라도 잘 모르면 익숙하지 않기 때문에 은혜가 되지 않는다. 그러므로 찬송가든 경배송이든 잘 모르는 노래를 예배 때 부르려면, 몇 주 전부터 그 노래를 배우는 시간을 가져야 한다(찬송가와 경배송의 조화에 대한 구체적인 가이드는 이 책의 16장을 참고하기 바란다).

이와 함께 담임목사는 온 성도가 '함께' 부를 수 있는 노래가 점점 줄어들고 있는 현실을 심각하게 받아들여야 한다. 한국교회의 청소년과 청년들이 예배 때 부르는 노래는 99.9퍼센트 현대적 경배송이다. 그들은 찬송가를 전혀 모른다. 시간이 흘러 그들이 장년층과 함께 예배해야 할 때 어떤 일이 벌어질지 예상하고 준비하지 않는다면 교회의 미래까지 흔들리는 안타까운 결과를 맛보게 될지 모른다.

끊임없이 예배를 개혁하고 갱신해야 하는 이유

모든 교회가 끊임없이 예배 패러다임을 수정해야 하는 두 가지 이유가 있다.

첫 번째는 예배의 본질을 회복하기 위함이다. 예배의 본질에서 특별히 강조해야 할 세 가지는 다음과 같다. 그것은 바로 만남과 반응, 그리고 삶이다.

하나님을 '만나지' 못하는 예배는 죄만 씻고 돌아가는 '영적 세차'나 사람들을 만나고 돌아가는 '사교 활동'에 그칠 뿐이다. 찬양과 말씀, 기도에 신경 쓰는 것도 모든 회중이 예배 가운데 하나님을 깊이 만나도록 돕기 위해서다. 그런 관점에서 우리는 끊임없이 예배를 개혁하고 갱신해야 한다. 또한 그렇게 하나님을 만난 사람은 자연스럽게 그분의 은총에 반응하는 적극적이고 능동적인 예배자가 된다. 아름답고 놀라우신 하나님의 임재를 경험했다면 결코 관객처럼 앉아 있을 수 없는 법이다.

그리고 (의식으로서의) 예배를 통해 지속적으로 그런 경험을 하게 된다면 누가 시키지 않아도 스스로 삶의 예배를 드리게 될 것이다. 말 그대로 '사람이 달라지는' 놀라운 일이(요즘 한국교회에서 찾아보기 힘든 그러한 일이) 가정과 직장, 교회 공동체 가운데 벌어지게 될 것이다. 이것이 예배를 끊임없이 개혁하고 갱신해야 하는 이유다.

물론 예배 패러다임 자체가 삶의 변화를 가져오는 것은 아니다. 그러나 화석화되고 경직된 예배 형식 속에서 인격적인 변화, 삶의 변화를 기대하기란 어렵다. 낡은 가죽부대에 새 포도주를 담을 수 없듯이 생명력 넘치고 신선한 성령의 기름부음이 있는 예배는, 하나님의 임재 앞에 반응하는 새로운 형식과 분위기를 통해 준비되어야 한다.

두 번째는 앞에서 나눈 것처럼 새롭게 일어나는 다음 세대를 받아들이고 그들과 함께하기 위함이다. 성경에는 '이런 순서에 따라 이렇게 예배하라'고 명시된 예배 형식이 없다. 반드시 고수해야 할 절대불변의 예배 형식은 없다는 말이다. 그러므로 우리는 언제든지 전통적인 예배의 옷을 벗고 새로운 예배의 옷으로 갈아입을 수 있다.

시대와 문화의 변천에 따라 의복의 형태가 바뀌는 것이 '맞다, 틀리다'의 문제가 아닌 것처럼, 예배에 대해서도 선입관과 편견을 내려놓고 형식의 변화를 받아들여야 한다. 다음 세대와 함께할 수 없는 예배를 과감하게 포기하지 못하는 교회에는 미래가 없다. 젊은 세대가 떠나고 노인들만 남아 있는 유럽 교회들의 모습을 보라. 그들이 왜 그렇게 되었는가? 그리고 한국교회를 바라보라. 지금 우리도 그들의 길을 따라가고 있는 것은 아닌가?

14장 세대와 세대를 이어주는 공동체 예배

예배 세대차의 대안, 통합적 예배(Blended Worship)

전통과 현대의 조화, 통합적 예배

예전 중심의 전통적 예배는 더 경건한 대신 경직되기 쉽고, 찬양과 경배의 요소가 두드러지는 현대적 예배는 자유롭게 하나님께 반응할 수 있는 대신 깊이가 없고 경박하다고 생각하는 사람이 많다. 경험적인 측면에서는 나름대로 일리 있는 판단처럼 보이지만, 하나님이 기뻐하시는 예배인지 아닌지를 판단하는 기준은 형식이 아니라 그분의 임재와 예배자의 마음 중심에 있다. 하나님이 임재하지 않으시는 예배나 전혀 엉뚱한 이유와 목적으로 드려지는 예배는 형식에 상관없이 경건한 예배일 수 없다.

물론 형식 때문에 예배자의 자세와 내용이 달라지는 경우도 있다.

전통적 예배에서 경험해 보지 못한 은혜를 현대적 예배에서 누리거나, 현대적 예배가 채워 주지 못하는 깊은 성찰과 경건한 분위기를 전통적 예배에서 맛보는 사람이 있기 때문이다. 하지만 이것도 결국에는 형식이 아니라 하나님의 임재와 예배자의 마음 중심이라는 본질의 문제로 돌아간다. 그러므로 전통적 예배를 고집한다고 해서 무조건 형식적이고 종교적이라고 매도해서는 안 된다. 현대적 예배만 찾아다닌다고 무조건 가볍고 얕은 감정주의에 빠졌다고 비판하지도 말자. 앞에서 나눈 경건한 예배의 기준에 따르면 우리는 어떤 형식을 통해서든, 아니 어떤 형식에서든 성령의 기름부음이 넘치는 예배를 드릴 수 있기 때문이다.

1980년대 중반 이후 한국교회 가운데 찬양과 경배 운동이 일어났다. 이것은 한때 유행처럼 지나가는 젊은이들의 음악적 발산이 아니라 전통적 예배만을 고집하다가 아무 반응도 하지 않는 '구경꾼'이 되어 버린 '굳어지고 화석화된' 기성세대의 심령을 회복시키기 원하시는 하나님의 역사였다. 수많은 십대와 청년이 각처에 모여 찬양과 경배로 하나님을 뜨겁게 예배했고, 그들을 통해 한국교회는 예배 갱신과 선교 부흥, 그리고 기독교 문화의 중흥기를 맞이할 수 있었다. 그런데 여기서 문득 이런 질문이 떠오른다. "당시에 그토록 하나님을 예배하며 헌신했던 수많은 (이제는 중년의 나이로 접어들고 있을) 젊은이들은 지금 어디에 있는가?"

그들은 지금 어디 있는가? 그들은 지금 우리(더 정확하게 말한다면,

우리가 섬기는 공동체)와 함께 있는가? 만약 그렇지 않다면 그것은 무엇을 의미하는가? 이미 많은 교회가 공동체에서 허리와 같은 역할을 감당해야 할 삼십대와 사십대 성도들이 썰물처럼 빠져나가는 현상 앞에 속수무책으로 발만 동동 구르고 있다. 물론 그 이유가 백 퍼센트 예배 때문만은 아닐 것이다. 하지만 1980년대 말과 90년대 기성 교회에서 채우지 못한 영적 갈급함을 현대적 예배 형식을 통해 해결하던 이들이 사라지고 있다는 것은, 21세기에 들어선 지금의 한국 교회도 심각한 '결핍'을 앓고 있다는 얘기가 된다. 더군다나 앞서 나눈 바와 같이 이제는 청소년부터 청년기에 이르는 이십 년 정도의 긴 시간 동안 경배송만 부르며 현대적 예배만 드려온 자녀 세대가 장년 예배에 참여하려고 초읽기를 하고 있다. 과연 그들도 부모들처럼 전통적 형식의 예배에 마음을 열고 기쁘게 하나님을 경배할 수 있을지 매우 의심스럽다. 아니, 장년 예배까지 기다릴 것도 없다. 이미 교회 학교 때부터 예배 참석 인원이 줄고 있거나 아예 교회학교 문을 닫는 교회가 속출하고 있으니 말이다. 더 늦기 전에 본질이 아닌 '형식 논쟁'에서 벗어나 장년과 중년, 그리고 젊은 세대가 함께 예배할 수 있는 새로운 예배의 그릇을 마련해야 한다. 그 일차적인 책임이 바로 예배 공동체를 섬기는 담임목사에게 있다.

　장년층은 익숙한 것에 은혜를 받고, 중년층은 묵은 것의 숨겨진 의미를 재해석해 주기 원하며, 청년층은 자유롭고 즉각적인 것에 반응하고 싶어 한다. 이토록 다른 세대의 영적 필요와 표현 방식을 함께 담아낼 수 있는 예배의 그릇은 무엇일까? 나는 그것이 전통적 요소와 현대적 요소를 조화롭게 엮어낸 '통합적 예배' 모델이라고 믿는다. 전통적 요소와 현대적 요소의 조화는 다양한 회중이 '올바른 중심으로 하나님의 임재를 추구하는' 참된 예배의 본질을 저마다의 방식으로 추구할 수 있는 길을 열어 준다. 이것이 바로 우리가 '통합적 예배'를 주목해야 할 이유다.

통합적 예배(Blended Worship)란

그렇다면 통합적 예배란 어떤 예배인가?

1970년대 중반부터 80년대 사이, 미국 기독교에는 천편일률적이고 변화 없는 기존 형식에서 벗어나 동시대적 요소들을 사용해 참석자의 문화와 정서를 끌어안고 수용하자는 현대적 예배 운동이 나타났다. 1960년대 예수운동(Jesus Movement)에 뿌리를 둔 이 흐름은 윌로우 크릭 교회와 새들백 교회가 반기독교적 정서를 갖고 교회를 떠난 베이비부머(baby boomer, 세계2차대전이 끝난 1946년 이후 1965년 사이에 출생한 사람들)와 포스트모더니즘 세대를 타깃으로 하는 현대적 예배(윌로우 크릭은 'Seeker Oriented Service', 새들백은 'Seeker Friendly Service'라는 이름으로)를 드리면서 급물살을 타고 퍼져갔다. 이 예배는 전통적 예배의 형식을 탈피하고 하나님을 경험하는 데 초점을 맞춘, 이른바 '기획된' 예배였다. 그리고 1990년대에 들어서면서 미국교회는 세대별로 분리되어 있던 예배 스타일을 통합하기 시작했다. 모든 교단에서 통합적 예배를 드리게 된 것이다. 그 이유는 지금의 한국교회처럼 현대적 예배를 선호하는 청년층과 전통적 예배를 선호하는 장년층이 함께 예배를 드리지 못하는 '예배 세대차' 문제 때문이었다.

또한 통합적 예배는 모세 성막의 희생제사와 다윗 장막의 찬미의 제사가 솔로몬 성전에서 합쳐진 것(대하 5:11-14, 7:4-7)에서 성경적 근거를 찾을 수 있다(이에 대해서는 앞서 다른 저자들이 충분히 다루었기 때문에 이번 부에서는 따로 다루지 않는다).

이런 맥락에서 통합적 예배를 간단히 정의해 보면, 찬송가를 위주로 엄숙한 분위기에서 드리는 전통적 예배와 현대 악기를 연주하며 경배송을 부르는 현대적 예배가 합쳐진 형태라 할 수 있다. 그리고 통합적 예배를 정의할 때 놓치지 말아야 할 또 하나의 개념이 바로 '세대 간 통합'이다. 공동체 예배는 세대 간 통합과 하나 됨의 모판이 되어야 한다. 그렇지 않다면 그 교회는 미래가 없다. 그런 점에서 통합적 예배는 교회가 예수 그리스도의 몸으로 일치하는 데 효과적인 예배 형태다.

통합적 예배의 음악적 특징

통합적 예배는 어느 한 가지 스타일에 고정되지 않고 교회마다 그때의 상황에 맞게 얼마든지 조정할 수 있다. 찬송가와 경배송을 모두 사용하며, 성가대와 찬양 팀(예배 팀)이 함께 예배를 섬길 수 있기 때문이다. 예를 들어 성가대 찬양 순서에는 전통 악기인 피아노와 오르간, 현악기를 연주하고, 찬양 팀이 인도하는 시간에는 현대 악기인 어쿠스틱 기타와 신시사이저, 베이스기타, 드럼 등을 연주한다. 경우에 따라 성가대와 찬양 팀이 각자의 스타일로 찬송가와 경배송을 합주할 수도 있다. 실력과 준비만 뒷받침된다면 음악적인 면으로도 완성도 높고 웅장하며 전통과 현대가 멋진 조화를 이루는 은혜 넘치는 예배를 드릴 수 있다.

하지만 성가대와 찬양 팀이 예배 중에 맡는 역할은 명확하게 분리되어 있다. 성가대는 예배를 여는 기도 이후의 송영과 설교 전 찬양(성가), 축도 후 송영을 담당한다. 또한 성도들이 예배를 마치고 퇴장할 때 성가를 통해 그들의 발걸음에 은혜를 끼친다. 반면에 찬양 팀(예배 팀)은 예배 초반부 찬양 시간과 설교 후 설교 적용 찬양, 파송의 노래 순서에 찬양을 인도하며, 참회의 기도와 교제 시간, 설교 후 결단의 기도 때 배경음악을 연주한다.

한국교회에서의 통합적 예배

1980년대 후반, 미국교회처럼 주일예배 자체에까지 영향을 주는 정도는 아니어도 어느 정도 한국교회에 현대 예배 운동이 일어나기 시작했다. 대형교회를 중심으로 여러 찬양과 경배 모임이 생겨났고, 한국교회는 이런 움직임을 당시 젊은 세대를 위한 문화적 대안으로 받아들였다. 그리고 전도와 교회 성장 운동의 흐름 속에서, 앞서 소개한 윌로우 크릭 교회의 '구도자 예배'(Seeker's Service)가 '열린 예배'라는 이름으로 도입되기 시작했다. '열린 예배'라는 이름을 1990년대 초 TV 프로그램인 '열린 음악회'에서 차용했다고 이야기하는 사람도 있지만, 정확한 근거가 있는 주장은 아니다.

당시 '열린 음악회'는 전통적인 클래식 음악과 현대 음악을 같은 무대에서 연주하는, 장르를 무너뜨린 획기적인 프로그램이었다. 그런데 구도자 예배도 불신자들과의 공감대와 접점을 형성하기 위해 새롭고 현대적인 문화를 도입하는 기획 예배(행사)였기 때문에, 전통적인 기독교 음악뿐만 아니라 찬송가나 찬양 외의 장르까지 포함하는 현대적인 음악에도 문을 열었다. 이런 점에서 보면 '열린 음악회'와 '열린 예배'에 서로 통하는 구석이 있다고 할 수 있을 것이다.

어쨌든 한국교회는 열린 예배를 찬양과 경배보다 더 진일보한 스타일의 음악과 문화적 시도를 담은 '기존 성도들을 위한' 행사로 변화시켰고, 이후 이 예배는 다양한 음악과 문화를 적극적으로 수용하는 젊은 층이 선호하는 예배로 자리 잡게 되었다. 나중에 '현대적' 혹은 '동시대적' 예배로 명칭을 바꾸기도 했지만, 열린 예배는 지금도 젊은이들에게 각광 받는 예배 모델이다.

청소년과 청년들의 예배는 이때부터 전통적 예배가 아닌 현대적 예배를 드리기 시작했고, 현재는 한국교회의 거의 모든 청소년과 청년부서가 현대적 예배를 드리고 있다. 또한 이 흐름은 전통적 예배의 형식을 그대로 간직해 온 장년층의 예배에도 영향을 미쳐, 1990년대 중후반부터 찬양과 기도가 중심이 되는 금요기도회(철야예배)와 주중 수요예배가 '한국형' 현대적 예배로 자리 잡게 되었다. 덕분에 전통적 예배만 드리던 장년층 성도들이 현대적 예배 스타일을 경험하기 시작했고, 찬송가가 아닌 찬양과 경배 곡까지 부르게 되었다.

물론 아직 한국교회 장년층 성도들 중에는 전통적 예배 스타일을 선호하는 이들이 많다. 하지만 2000년대 초반부터 주일에 통합적 예배를 드리는 교회가 나타나기 시작했다.

통합적 예배의 온전한 자리매김을 위한 고민

통합적 예배에는 각 교단과 교회의 전통에서 비롯된 전통적 예배 요소(예배로의 부름, 첫 송영, 참회의 기도, 사죄의 선언, 사도신경, 찬양대 찬양, 성찬식, 주기도문, 송영 등)와 현대적 예배의 요소(찬양 팀, 찬양과 경배 곡, 밴드가 연주하는 전자 음악 등)의 조화 속에 모든 순서가 물 흐르듯 자연스럽게 흘러가도록 배치하고 다듬고 현대화하는 과정이 필요하다. 하지만 처음부터 그 일이 완벽하게 이루어지는 것은 아니다. 나름의 단계와 과정을 거쳐야 하고, 그 가운데 벌어지는 숱한 시행착오의 경험이 필요하다.

그런 점에서 대부분 한국교회가 통합적 예배 요소로 제일 먼저 도입한, 이른바 '준비 찬양'이라고 불리는 '예배 시작 전 찬양 시간'을 살펴볼 필요가 있다. 예배 시작 10분이나 15분 전에 찬양 팀이 앞에 나와 찬송가와 찬양과 경배 곡을 함께 부르다가 정해진 시간이 되면 전통적 예배를 시작한다. 이는 통합적 예배를 도입하던 과도기에 흔히 나타났던 한국교회만의 독특한 모습이었다.

여기서 꼭 짚고 넘어갈 것이 있는데, 바로 '준비 찬양'이라는 표현이다. 찬양은 예배를 준비하는 도구가 아니다. 찬양은 하나님의 은총에 대한 반응으로 가장 순수하게 표현할 수 있는 행위이며, 모든 성도가 장차 하나님의 나라에서 어린양 되신 주님 앞에서 영원히 드려야 할 행위다(계 5:12-13). 하나님의 이름과 업적과 영광을 자랑하는 찬양은 지상에서 영원까지 이어질 것이다. 그런데 '준비 찬양'이라는 표현에는 존귀하신 주님께 드리는 찬양을 '자투리 시간을 메꾸거나 채우는 데 사용한다'는 의미가 들어 있다.

한없는 은혜를 베풀어 주신, 그래서 한없이 존경하고 사랑해야 할 대상 앞에서 당신은 어떤 반응을 보이겠는가? 그분께 감사를 표현하고 마음과 뜻과 힘을 다해 존경과 사랑을 고백하지 않겠는가! 우리가 주일마다 교회에 모여 예배하는 하나님이 바로 그런 분이시다. 그런데 그런 분께 감사와 찬양과 경배를 드리기 위한 시간(단 5분, 또는 단

10분이라도)을 어떻게 '사람들의 마음을 준비시키는' 용도로 전락시킬 수 있단 말인가? 그것은 주님을 모독하는 행위다. 예배 전에 찬양을 하는 시간은 무엇을 준비하기 위한 시간이 아니라 그 자체가 예배임을 깨달아야 한다. 이를 위해서는 먼저 담임목사가 부지런해야 한다. 담임목사가 예배 시작 전 찬양 시간부터 앞에 나와 성도들과 인사를 나누면서 회중을 예배의 자리로 이끌어야 한다. 담임목사의 참여와 기도로 찬양 시간을 열게 되면, 회중은 (비록 예배 시작 전이지만) 그 순서도 하나님을 예배하는 시간임을 이해하게 될 것이다. 통합적 예배를 통해 새로운 예배 변화의 틀과 기준을 세우기 원한다면, 이렇게 과거 예배와 찬양의 성경적 개념이 교회 안에 올바로 세워지기 전에 잘못 사용했던 용어부터 바로잡아야 한다.

또한 찬양곡과 관련해서 담임목사가 고민해야 할 것이 하나 더 있다. 예배 시작 '전'에는 복음성가(경배곡)를 불러도 되고 예배가 시작되면 찬송가만 불러야 한다는, 아주 오래전부터 교회 안에 뿌리박혀 있던 이분법적 관점 말이다.

오랜 시간 신앙 공동체 안에서 검증되었기 때문에 유행을 타는 복음성가(경배곡)보다 찬송가에 훨씬 더 깊은 영성이 담겨 있다고 생각할 수 있다. 게다가 4절에서 6절에 이르는 긴 가사의 찬송가에 비해, 현대적 경배송은 가사가 짧기 때문에 하나님을 향하는 회중의 심령을 충분히 표현하기 어려운 부분도 있다. 하지만 중요한 것은 '찬송가인지, 복음성가(경배송)인지'가 아니다. 그 노래의 성격, 즉 '하나님을 높이는 찬양(up-going)인지, 성도 간의 교제나 전도의 동력을 일으키는 찬양(out-going)인지, 말씀 앞에 결단하는 고백(in-going)인지'가 중요하다. 찬송가든 복음성가(경배송)든 그 성격에 따라 적절한 순서에 배치했을 때 온전히 예배할 수 있다면, 그 노래는 하나님이 기쁘게 받으시는 찬양이 된다.

이런 고민과 시행착오의 과정을 통해 교회 공동체는 새로운 예배 순서와 음악, 찬양 스타일에 조금씩 적응해 간다. 이제는 예배 때 찬송가 대신 경배곡만 사용하는 교회까지 생기고 있다. 적용 범위와 정도의 차이는 있지만, 전통과 현대적 요소가 조화된 통합적 예배 형태를 선택하는 교회가 늘어나고 있다는 얘기다. 지금까지 계속해서 설명한 것처럼, 통합적 예배야말로 교회 구성원 중 누구도 소외되지 않고 함께 예배할 수 있는 형태이기 때문이다. 이제 21세기에 들어선 한국교회는 전통적인 찬송가와 현대적인 경배곡이 어우러지는 본격적인 의미의 통합적 예배를 드리고 있다.

15장 통합적 예배로 가기 위한 다리

> 예배의 큰 그림을 그려 보라

지금까지 우리는 요즘 한국교회 예배의 현주소를 살펴본 뒤, 전통적 요소와 현대적 요소를 겸비한 세대 간 통합적 예배를 대안으로 제시했다. 이제부터는 통합적 예배로 나아가기 위해 지금 우리에게 어떤 '다리'(bridge)가 필요한지 구체적으로 살펴보기로 하자.

패러다임 변화가 먼저다

사실 지금 우리에게 필요한 예배갱신의 초점은 본질의 회복이다. 그런데도 지금처럼 전통적 예배와 현대적 예배의 형식 차이에만 집중한다면 많은 오류와 실수를 범할 수밖에 없다.

형식의 변화는 시대적 변천 과정에서 필수적으로 다가오는 현상이다. 시대의 흐름과 문화의 변천 과정에서 사람들은 옷을 갈아입는다. 지금 우리가 조선시대의 한복 대신 (기성세대라 할지라도) 현대적인 양복이나 양장, 혹은 캐주얼한 옷을 입고 있는 것처럼 말이다. 모든 사람은 시대의 흐름과 발전하는 문화의 다양성 속에서 (다소 세대 간의 속도 차는 있지만) 변화를 향해 나아가고 있다. 예배 형식의 변화도 그런 관점으로 이해해야 한다.

본질과 형식이란 관점에서 보면, 모든 교회 공동체는 네 가지 중 하나의 입장을 취하게 된다. 첫 번째는 예배의 본질을 지키면서 과거의 전통적인 형식을 고수하는 것이고, 두 번째는 예배의 본질은 잃어버린 채 과거의 형식만 붙잡고 있는 것이고, 세 번째는 예배의 본질을 지키면서 전통적 형식에서 현대적 형식으로 변화한 것이며, 마지막 네 번째는 예배의 본질을 잃어버린 채 형식만 현대적으로 바꾸는 것이다. 독자들 모두 두 번째와 네 번째 입장이 잘못되었다고 생각할 것이다. 가장 중요한 본질에서 떠났기 때문이다.

물론 역사가 흐르고 세상이 바뀌어도 지키고 보존해야 할 소중한 전통 유산이 있다. 하지만 본질을 잃은 채 계속해서 옛 형식만 고집한다면, 형식과 껍질만 숭배하는 바리새주의(외식주의)에 빠지고 말 것이다. 반대로 본질을 잃은 채 새로운 형식만 추구하는 것 또한 신(新)외식주의에 빠지는 길이다. 사실은 이 두 가지 모두 하나님이 아니라 '예배'를 예배하겠다는 입장이다. 우리는 '예배' 자체가 아니라 살아 계신 하나님 한 분만을 예배한다. 그럼에도 알맹이 없는 껍질만 손에 쥐고 있다면 예배 가운데 임하시는 하나님의 임재와 능력을 결코 맛보지 못할 것이다.

그렇다면 첫 번째와 세 번째 입장은 어떨까? 이것은 '맞고 틀림'의 문제가 아니다. 그런데 한국교회에는 세 번째 입장을 불편하게 바라보는 이들이 많다. 신앙생활에서 대부분 그리스도인은 자신에게 익숙하고 길들여져 있는 방식과 방법을 통해 은혜를 받는다. 그래서 기성세대는 자신들의 정서와 문화에 맞는 전통적 예배에서, 젊은이들은 그들에게 맞는 현대적 예배에서 은혜를 받는다. 성육신의 원리가 예배에도 적용되기 때문이다.

예수님은 인간의 몸을 입고 인간의 역사와 문화 속에 들어오셨다. 인간을 구원하기 위해 인간이 되어 만남과 변화의 역사를 이루신 것처럼, 예배도 회중의 문화에 맞는 방식으로 다가가야 한다. 이것이 바로 오늘날 현대적, 문화적 관점에서 예배 개혁을 성취하는 데 필요한 패러다임의 변화다.

예배 공동체의 현실과 마주하기

패러다임의 변화만큼이나 중요한 것은 지금 자신이 섬기는 교회의 예배가 전통적인지 현대적인지, 혹은 통합적인지 파악하는 것이다.

여기에 참고할 만한 몇 가지 기준이 있다.

- 첫째, 예배 때 부르는 찬양 곡의 구성을 살펴본다.
- 둘째, 예배 때 사용하는 악기 편성을 살펴본다.
- 셋째, 예배를 섬기는 보컬의 편성을 살펴본다.
- 넷째, 찬양 곡의 연결성을 살펴본다. 여러 곡의 노래를 각각 독립적으로 부르는가? 아니면 메들리로 연결해서 부르는가?
- 다섯째, 찬양 시간의 길이를 살펴본다. 예배 순서에 따라 한 곡씩 부르는가? 아니면 찬양하는 시간을 10분에서 20분 정도로 따로 정해 놓았는가?
- 여섯째, 회중의 연령 분포를 살펴본다.

이 정도 기준이면, 전문사역자가 아니라 해도 지금 자신의 교회가 어떤 스타일의 예배를 드리고 있는지 파악할 수 있을 것이다.

은혜는 아는 데서 받는다

이제부터 예배스타일의 실제 내용을 살펴보면서, 담임목사가 시도해야 할 예배의 실제에 대해 알아보자.

여러 세대가 함께하는 통합적 예배를 시도하고 싶다면, 제일 먼저

'은혜는 아는 데서 받는다'는 것을 명심해야 한다. 장년층뿐만 아니라 청년들 역시 자신들에게 익숙한 것과 자신들이 아는 것을 통해 예배 가운데 은혜를 받는 경우가 많다는 의미다. 잘 알고 익숙한 것에 대해 경계심을 버리고 마음을 여는 것이 인지상정이기 때문이다. 그렇다면 이 점을 예배의 어떤 요소에 반영할 수 있을까? 그것은 바로 예배의 음악적 스타일과 예배 중에 부르는 노래다.

청년과 장년층 성도들이 선호하는 예배 스타일의 특징을 정리해 보면 다음과 같다.

	전통적 예배	현대적 예배
익숙한 연령	사십대 이상	십대에서 삼십대
악기 편성	피아노, 오르간	찬양 팀(밴드)
보컬 편성	인도자 찬양대(성가대)	인도자 백그라운드 보컬
찬양곡의 구성	찬송가 위주 설교 전 찬양대의 독립적인 성가곡	찬양과 경배 곡 위주 찬양대 없음
찬양곡의 연결	한 곡씩 독립적으로 부름	한 곡을 길게 부르고 여러 곡을 메들리로 연결해서 부름
찬양 시간	서너 곡을 예배 순서 중간에 독자적으로 부름	20-30분

이렇게 놓고 보면, 찬양 팀의 구성이나 악기 편성 같은 기본 요소에서부터 예배 중에 노래를 부르는 시간이나 방식 같은 관습적(?)인 부분에 이르기까지 청년층과 장년층이 선호하는 예배 스타일이 정반대임을 분명하게 알 수 있다. 하지만 '이런 사람들이 어떻게 한자리

에 앉아 예배할 수 있을까?'라며 낙담할 필요는 없다. 이들 모두 아는 것만으로도 충분히 예배의 형식을 재구성할 수 있기 때문이다. 그것이 바로 통합적 예배다.

	전통적 예배	현대적 예배	통합적 예배
익숙한 연령	사십대 이상	십대에서 삼십대	모든 세대
악기 편성	피아노, 오르간	찬양 팀(밴드)	찬양 팀(밴드) 피아노, 오르간
보컬 편성	인도자 찬양대(성가대)	인도자 백그라운드 보컬	인도자 백그라운드 보컬 워십콰이어 또는 찬양대
찬양곡의 구성	찬송가 위주 설교 전 찬양대의 독립적인 성가곡	찬양과 경배 곡 위주 찬양대 없음	찬송가와 찬양과 경배 곡이 적절히 조화됨 찬양대의 성가곡이 독립적으로 들어감
찬양곡의 연결	한 곡씩 독립적으로 부름	한 곡을 길게 부르고 여러 곡을 메들리로 연결해서 부름	메들리로 연결해서 부름 3-5곡
찬양 시간	서너 곡을 예배 순서 중간에 독자적으로 부름	20-30분	10-20분

선호하는 예배 스타일이 정반대인 부모 세대와 자녀 세대 간에도 함께 예배할 수 있는 '공통분모'가 있다. 또한 그것은 각 예배 공동체마다 크고 작은 차이가 있게 마련이다. 그것을 찾아내는 것이 통합적 예배 기획의 핵심 과제 중 하나다.

여기에서는 예배 중에 부르는 노래(흔히 '찬양' 혹은 '찬송'으로 통칭

하는)에 관해 살펴보겠다. 여러 세대가 모든 것을 함께하는 통합적 예배에서는 찬송가와 현대적 경배송을 조화롭게 편성하는 것이 바람직하다.

찬송가와 현대적 경배곡을 함께 사용하는 근거

찬송가는 수천 년에 걸쳐 전해진 전통이며, 오랜 신앙 선배들의 고백이다. 하지만 찬송가에 실린 노래들이 처음부터 그런 대접을 받은 것은 아니다. 현재 우리가 부르고 있는 찬송가 중에는 만들어진 당시 기존 찬양곡들에 비해 열등한 '현대적 노래'라며 푸대접을 당한 노래가 많다. 그러다 세월이 흐르면서 영성과 음악성을 인정받아 교회에서 계속 불리게 되어 찬송가에까지 실린 것이다. 마찬가지로 지금 부르고 있는 현대적 경배곡들 중 많은 노래도 다음 세대의 찬송가에 수록될 것이다. 실제로 "예수 우리 왕이여"나 "살아 계신 주" 같은 곡은 이미 21세기 찬송가에 수록되었다.

또한 찬송가와 현대적 경배곡은 그 내용에서 서로 보완하는 역할을 해준다. 다음의 표는 찬송가와 현대적 경배곡의 차이를 비교해 놓은 것이다.

찬송가	찬양과 경배
역사적, 고전적	현대적, 대중적
각 절마다 내용이 전개되고, 내용이 많다	내용이 적고 짧고 반복됨
한 곡씩 독립적으로 부름 (메들리 없음)	비슷한 주제의 곡들을 메들리로 엮어 부름
하나님의 초월성	하나님의 내재성
가사가 지성적	가사가 감성적

위의 표에서와 같이 현대적 경배곡에는 '하나님과의 개인적 친밀함'을 강조하는 가사가 많다. 그래서 예배 중에 이런 노래만 부르다 보면 '하나님의 초월성'이라는 주제를 놓치기 쉽다. 그럴 때 찬송가를 함께 사용하면 균형 잡힌 메시지 안에서 훨씬 더 풍성한 찬양을 드릴 수 있다.

또한 찬송가는 장년층과 청년층이 공유할 수 있는 노래라는 점에서 통합적 예배에 사용하기 적합하다. 현대적 경배곡과 함께 사용하면, 오랫동안 찬송가를 통해 은혜를 받아 온 장년층과 찬송가가 아닌 현대적 경배곡으로 은혜를 받아 온 청년층이 함께 예배할 수 있다. 다만 찬송가는 만들어질 당시 교회에서 사용할 수 있었던 피아노와 오르간 같은 악기로 연주할 것을 염두에 두고 작곡된 노래들이기 때문에 통합적 예배에서는 현대적 경배곡의 스타일로 편곡하고 연주하는 것이 좋다.

전통과 현대가 물 흐르듯 이어지는 예배

예배학자들은 대부분 회중 예배 순서가 공통적으로 '4중 구조'로 되어 있으며, 예배를 디자인하는 중요한 네 가지 축이 된다고 말한다. 구체적인 명칭은 학자마다 조금씩 다르지만, 내용 면에서는 대체로 비슷하다.

예배학의 세계적 권위자 로버트 웨버는 그의 책 《블렌디드 예배 기획》(Planning Blended Worship)에서 4중 구조를 '나아감, 말씀, 감사의 응답, 파송'으로 보았다.

	설명	해당하는 예배 순서
1. 나아감 Coming	하나님의 임재 속에 나아오는 과정	입례 / 예배로의 부름 / 찬송 / 경배와 찬양 / 회개의 기도 / 목회의 기도 / 찬양대 찬양 / 특별 연주
2. 말씀 Word	하나님의 임재 속에 머무는 단계	성경교독 / 봉독 / 침묵 / 시편 찬양 / 설교 / 드라마
3. 감사의 응답 Eucharist	하나님의 말씀을 듣고 반응하는 것	응답 찬양 / 응답 기도 / 성만찬 / 평화를 나누기 / 헌금 / 광고
4. 파송 Go Forth	예배의 끝이 아니라 교회 문을 나서면서 삶 속에서의 예배를 시작	파송 찬양 / 마무리 기도 / 축도

출처: 이유정, "예배 전통의 수호와 변화, 그 사이", 목회와 신학, 2008년 8월호

이는 예배의 두 가지 핵심 요소인 말씀과 성례를 중심에 놓고, 앞부분에는 '하나님께 나아가는 단계'를, 뒷부분에는 '세상으로 파송하는 단계'를 배치한 것이다.

또한 이유정 목사는 "예배 전통의 수호와 변화, 그 사이"라는 글에서 4중 구조를 다음과 같이 정리하기도 했다.

감사와 기쁨 Thanksgiving & Rejoice	고백 Confession	친밀감 Intimacy	선포 Proclaim
감사 / 함께함 / 축하 / 찬양 / 부활	십자가 / 하나님의 사랑 / 예수 / 성령	개인적인 고백 / 깊은 경배	찬양 / 비전 / 송축 / 소망 / 하나님 나라 / 재림

출처: 이유정, "이유정 목사의 예배 디자인 (8) 성육신 모델을 적용한 예배 리더", 목회와 신학, 2008년 11월호

이 4중 구조를 다른 예배 모델과 비교해 보면 다음과 같다.

존 윔버의 5단계 모델	콘웰의 지성소 여행 모델	웨버의 의식 예배 모델
시편 95편	시편 100편	이사야 6장
초청 단계	성문 밖의 개인 간증	예배로의 부름
준비 단계	감사함으로 성문에 들어감	기원
높임 단계	그 궁정에 들어가 찬양함	초월성 찬양
경배 단계	성소의 예배	죄의 고백(화로다 나여!) 용서의 말씀 (너의 죄악이 사해졌다)
친교 단계	지성소의 경배	헌신(내가 여기 있나이다)
정리 단계	마무리	
성경봉독	성경봉독	성경봉독
설교	설교	설교(내가 누굴 보낼꼬?)
해산	해산	성찬식

출처: 김영국, 《성공적인 예배를 위한 음악 목회 프로그램》, 한국장로교출판사, 2005년

중요한 것은 어떤 형식으로 예배하든 모든 예배 순서와 요소가 각 공동체의 전통적, 신학적 특성 위에서 일정한 리듬과 방향성을 갖고 물 흐르듯 진행되어야 한다는 점이다. 예배의 기본 구조뿐만 아니라 전통적 요소와 현대적 요소가 한데 어우러져야 하는 통합적 예배에서는 더욱더 그렇다.

예를 들어 보자. 설교 전에 찬양하는 시간 이후에 '참회의 기도 - 사죄 선언 - 신앙고백'의 순서를 배치하면 어떨까? 얼핏 전형적인 장로교 예배 순서처럼 보이겠지만, 여기에는 사실 우리에게 매우 익숙한 한 가지가 빠져 있다. 그것은 바로 전통적 예배에서 매우 중요하게 여기는 대표기도다. 회중을 대표해서 하나님께 드리는 기도는 매우 중요하고 필요하지만, 실제로 예배 현장에서 대표기도를 자신의 기도로 승화하는 회중은 그리 많지 않다. 대부분 남의 기도를 '듣는' 정도에 머물고 마는 것이다. 그렇다면 어떻게 해야 할까? 대표기도 순서를 아예 빼 버릴 것인가? 이런 경우 대표기도를 '예배기도' 같은 다른 이름으로 바꿔, 예배를 시작할 때나 찬양을 시작하기 전에 할 수 있다.

또한 회중의 적극적인 기도 참여는 전통적 요소인 참회기도 순서를 통해 이끌어 낼 수 있는데, 이 순서에는 예배의 원형을 유지한다는 의미도 담겨 있다. 바로 구약시대 성막의 물두멍에서 몸의 더러운 것을 정결케 하듯, 일주일 동안 지은 더러운 죄를 참회의 고백을 통해 씻어 내는 것이다. 이렇게 지금 우리와 상관없는 것 같은 구약시대 성막의 예배 원리를 현대 예배의 형식 안에 담아낼 수 있다.

그리고 설교를 마친 뒤에 하나님이 주신 말씀에 대한 화답인 통성 기도와 찬양의 시간을 배치하면 회중의 능동적 예배 참여를 극대화할 수 있다. 이때 찬양은 결단과 봉헌, 파송의 주제로 이어지는 것이 좋다. 또한 축도 전에 현대적 예배의 요소인 찬양 시간을 넣었다면, 축도 후에는 전통적 예배의 요소인 찬양대 송영으로 마무리하는 것이 훨씬 자연스럽고 조화로울 것이다.

전통과 현대를 무조건 뒤섞는다고 통합적 예배가 되는 것이 아니다. 각 순서의 의미와 자리를 염두에 두고 서로 자연스럽게 연결되도록 디자인하고 인도하는 것이 통합적 예배의 관건이다.

예배라는 더 큰 차원에서 설교를 준비하라

예배의 모든 순서는 예배라는 전체적인 그림과 흐름 안에서 제자리를 찾고 어우러져야 한다. 설교도 예외일 수는 없다. 설교도 예배라는 더 큰 차원에서 준비해야 한다. 그런 의미에서 시리즈 설교를 시도해 볼 것을 권한다. 시리즈 설교는 점점 빠르게 변화하는 시대와 점점 복잡해지는 세상을 살아가는 성도들에게 잘 맞을 뿐만 아니라, 예배 전체에 하나의 주제가 동일하게 흐르도록 일관성을 부여해서 회중에게 각인시키는 데 효과적인 도구다.

또한 가능하다면 설교 순서 앞뒤로 계속해서 설교의 메시지를 소개하고 보여 주는 것이 좋다. 주보의 지면이나 예배인도자의 멘트, 영상 등을 활용하면 교회의 규모와 상관없이 설교 메시지를 지속적으로 드러낼 수 있을 것이다. 또한 현재 진행 중인 시리즈 설교의 전체적인 정보(시리즈 제목, 각 설교의 제목과 본문, 설교 날짜 등)도 시리즈 설교를 마칠 때까지 계속해서 보여 주는 것이 좋다. 이렇게 하면 회중이 설교를 기대하게 될 뿐만 아니라, 예배를 마치고 돌아간 삶의 현장에서도 오랫동안 기억하고 되새기며 살아가도록 도울 수 있다.

물론 이렇게 하려면 설교의 내용을 회중이 겪고 있는 현대사회의 상황과 환경에 맞게 구성하려는 노력이 절대적으로 필요하다. 따라서 설교자는 교회 밖 세상과 사회에 귀와 마음을 열어야 하며, 예배 전반에 대한 성도들의 필요와 요구가 무엇인지 지속적으로 듣고 또 들어야 한다.

가르치고, 가르치고, 또 가르치라

예배의 본질을 가르치는 교육은 예배의 변화와 갱신에 필수적인 요소다. 예배 순서와 형식을 바꾸기 전에 먼저 성도들, 특히 직분자들에게 하나님이 원하시는 예배가 무엇이며, 어떻게 드려야 하는지 가르쳐야 한다는 말이다.

교회 전체적인 차원에서 지속적으로, 끊임없이 성경적 예배에 대해 교육해야 한다. 가능하면 교육의 형태와 수준을 다양화하는 것이 좋다. 성도 전체를 대상으로 하는 예배 교육과 함께 제직수련회처럼 직분자들만을 위한 시간을 마련해서 예배갱신에 관한 '강도 높은' 훈련을 제공하는 것이다. 예배의 형식과 순서를 바꾸는 실제적 조치는 그렇게 한 다음에 차근차근 진행해도 좋다. 본질에 대한 정확한 이해는 변화를 원하는 욕구와 의지로 자연스럽게 이어지게 마련이다. 때를 얻든지 못 얻든지 예배에 대해 가르치고 또 가르치라. 공동체의 이해와 수용이 생각보다 오래 걸리더라도 인내하며 기다리라. 그것이 바로 예배갱신의 터를 닦는 기초공사다.

16장 통합적 예배의 실제 | 예능교회의 주일예배 살펴보기

통합적 예배의 실제 - 예능교회 주일예배

이제 내가 섬기는 예능교회의 주일예배를 통해 통합적 예배를 경험해 보기로 하자. 예능교회는 2009년 6월부터 235쪽의 표와 같은 순서에 따라 통합적 예배를 드리기 시작했다.

이렇듯 기존의 전통적 예배에서 통합적 예배로 바꾸면서 달라진 부분은 다음과 같다.

- 예배 시작 20분 전, 피아노와 오케스트라로 편곡된 잔잔한 찬송가 연주곡이 흘러나오게 함으로 예배실에 도착한 회중이 기도하며 예배를 준비할 수 있게 한다.

1부	2부	3부	예배 순서	담당
7:58	9:58	11:58	환영 / 예배를 위한 기도 / 찬양대 첫 송영	사회자(담임목사 또는 부목사)
8:00	10:00	12:00	찬양과 경배 • F/G 주 음성 외에는 (찬 446) • G 주님의 음성을 내가 들으니 (찬 540) • D 주님 손에 맡겨 드리리 • G 지존하신 주님 이름 앞에 (모두 일어나서)	찬양인도자 (예배담당목사)
8:12	10:12	12:12	참회의 기도 / 사죄의 선언 / 사도신경	사회자
8:18	10:18	12:18	교제 및 새신자 환영 (모두 앉아서) • F 형제의 모습 속에	
8:20	10:20	12:20	영상 광고	
8:22	10:22	12:22	말씀 기대 찬양 • D 주의 인자는 끝이 없고	
8:24	10:24	12:24	성경봉독 창 2:8-9, 15-17	
8:26	10:26	12:26	찬양대 찬양	
8:30	10:30	12:30	말씀 〈생명나무에 속한 삶〉 시리즈 1 "선악나무인가? 생명나무인가?"	설교자 (담임목사)
9:00	11:00	13:00	말씀에 잇댄 결단의 기도 (통성기도)	
9:03	11:03	13:03	결단의 찬양 • D 주님 손에 맡겨 드리리	
9:06	11:06	13:06	봉헌	
9:08	11:08	13:08	파송의 찬양 • A 은혜로다 (모두 일어나서)	
9:10	11:10	13:10	봉헌기도 및 축도	

• 찬양대와 찬양 팀은 예배 시작 5분 전에 입장하고, 찬양인도자와 찬양 팀은 예배 시작 3분 전에 강단에 올라간다.

- 예배인도자(사회자)는 예배 시작 2분 전에 등단하여 환영의 인사로 성도를 맞이하고, 성도가 서로 인사하고 교제하게 한 뒤 정각에 예배기도를 시작하도록 인도한다.
- 전통적 예배의 중간 부분에 들어가는 대표기도가 예배의 흐름을 방해하는 경우가 많아서, 예배기도라는 이름으로 바꿔 예배 시작 때 드리는 것으로 앞당긴다. 전통적 예배의 '기원'(Invocation)에 해당된다(예능교회의 예배기도 담당자는 '부교역자, 장로, 권사, 안수집사, 서리집사'의 순서로 순환).
- 전통적 예배에서는 대개 '예배의 부름 / 찬양대 첫 송영 / 기원 / 찬송가(찬양과 경배)'의 순서로 시작하지만, 자연스러운 흐름을 위해 '환영 / 예배를 위한 기도(기원) / 찬양대 첫 송영 / 예배로의 부름("하나님은 영이시니 예배하는 자가 영과 진리로 예배할지니라"라는 요한복음 4장 24절 낭독) / 찬양과 경배'의 순서로 바꿨다.
- 찬양과 경배 순서 중 마지막 곡을 부를 때는 온 회중이 일어서서 부르고, 선 채로 '참회의 기도 / 사죄의 선언 / 사도신경'의 순서를 이어간다.
- 참회의 기도 때는 해당 메시지를 담고 있는 여러 찬송가를 키보드로 연주한다.
- 사도신경 순서는 눈을 뜨고 화면에 나오는 사도신경 전문을 보면서 각자의 진정한 신앙고백으로 되새긴다.
- 사도신경을 고백한 뒤 자리에 앉아 새로 온 교우나 방문자를 환영

하거나 경조사 당한 이들을 격려하고 위로하는 시간을 가진다.
- 영상 광고 후, 바로 성경봉독을 하지 않고 말씀을 기대하면서 짧은 찬양을 부른다. 이렇게 하면 영적으로 자연스럽고 좋은 흐름을 만드는 효과가 있다.
- 설교 후 말씀에 잇대어 1-2분 정도 통성으로 기도하고 결단의 찬양으로 이어진다.
- 결단의 찬양은 설교 전에 부른 네 곡 중 세 번째 곡이며, 새신자들을 위해 주보 뒷면에 악보를 싣는다.
- 결단의 찬양 후반부에 봉헌위원들이 앞으로 나와 각자 정해진 자리에 선다.
- 결단의 찬양이 끝나면 봉헌을 시작한다.
- 봉헌 시간에는 각 찬양대에서 특송이나 특주를 준비하거나(월 1회), 찬양 팀이 관련 메시지의 차분한 찬양을 연주한다.
- 봉헌이 끝나고 나면 봉헌위원은 예배실 맨 뒤에서 대기한다. 이때 설교자는 강단 중앙으로 나가 회중을 모두 일으키고 파송 찬양을 시작한다.
- 파송 찬양 후반부에 봉헌위원들이 앞으로 나와 설교자에게 헌금바구니 두 개를 건넨다. 파송찬양이 끝나면 설교자는 헌금바구니를 높이 들어 봉헌기도를 올린 뒤, 바구니를 돌려주고 축도한다. 이런 순서대로 예배하면 설교에서 축도까지 흐름이 끊어지지 않는다.

통합적 예배의 음악 스타일

찬송가와 현대적 경배곡의 조화

전통적 예배는 피아노나 오르간 반주에 맞춰 찬송가만 부르고, 현대적 예배는 찬송가는 거의 부르지 않고 현대적 경배곡만 부른다. 하지만 통합적 예배는 찬송가와 현대적 경배곡을 절반씩 섞어서 사용한다. 예를 들어, 예배 앞부분 찬양 시간에 세 곡을 부른다면 찬송가 한 곡과 현대적 경배곡 두 곡을, 네 곡을 부른다면 찬송가와 현대적 경배곡을 각각 두 곡씩, 다섯 곡을 부른다면 찬송가 두 곡에 현대적 경배곡 세 곡을 (그 반대도 가능함) 선곡하는 것이다.

밴드 음악에 맞춘 편곡과 메들리 찬양

찬송가와 현대적 경배곡을 섞어 부르는 통합적 예배의 기본적인 음악 스타일은 현대적 음악과 악기로 편성된 밴드음악이다. 따라서 밴드 연주가 가능하도록 화성을 (필요하다면 리듬과 멜로디 라인도) 현대적 스타일로 편곡하는 것이 좋다. 또한 여러 곡을 노래할 때는 한 곡씩 끊어서 부르지 말고 메들리로 연결하거나, 한 곡이 끝날 때 자연스럽게 다음 곡의 전주로 이어지도록 훈련해야 한다.

편안하게 부를 수 있는 음역대로 조정

찬송가 중 많은 곡이 높은 음역대의 악보로 되어 있다. 게다가 절이 많으므로 악보대로 찬송가를 모두 부를 경우, 목이 아프고 가사에 집중하기가 힘들어진다. 그럴 때는 원래 악보보다 조를 낮춰 부르다가 마지막 절에서 원래 악보대로 전조를 하는 것이 좋다. 그렇게 하면 부르는 사람도 크게 힘들지 않고 음악적 점층 효과를 얻을 수 있으므로, 마지막 절에 담긴 결단과 소망을 더 확신 있게 표현할 수 있다.

예를 들어, G코드로 시작되는 사장조의 곡인 찬송가 21장 "다 찬양하여라"는 음역대가 높은 편이다. 그래서 원래 조대로 3절까지 부르면 높은 음을 내야 하는 것 때문에 가사에 집중하기 어렵다. 이럴 때 1절과 2절은 F코드로 시작되는 바장조로 낮춰서 부르고 3절부터는 원래의 사장조로 높여서 부르면, 노래에 대한 회중의 부담을 덜어 주는 동시에 음악적 상승효과를 얻어 마지막 절에 에너지를 쏟아 더 영감 있는 찬양을 할 수 있다.

악기별 역할 구분을 통한 음악적 부조화 방지

미국교회 중에는 회중 찬양 때 적절한 편곡 없이 밴드와 오르간을 함께 사용하다가 잘 맞지 않는 바람에 오히려 통합적 예배에 대한 안 좋은 인식만 가져온 시행착오를 겪은 경우가 많다. 그러므로 찬양 연주를 위해 악기별 편곡을 할 수 없는 여건이라면, 각각의 연주 구간을 나눠서 전통적 음악 스타일로 연주하는 악기(오르간이나 오케스트라)와 현대적 음악 스타일로 연주하는 악기(드럼, 베이스, 기타 등)를 따로 연주하는 것이 좋다.

회중 찬양 순서는 찬양 팀과 밴드가 맡고 송영 부분은 피아노와 오르간이 맡는다든지 하는 식으로 담당할 부분을 나눠 각자 준비하고, 예배를 기획하는 쪽에서 두 팀을 적절한 위치에 배치해야 음악적 부조화로 예배의 흐름을 해치지 않는다. 전통적 악기와 현대적 악기가 함께 연주할 수 있게 모든 곡을 편곡하는 것이 가장 좋지만, 그럴 만한 상황과 여건을 갖추지 못한 대부분 지역교회에서는 각자의 영역을 나누는 것만으로도 충분하다.

회중과 음악적 눈높이 맞추기

수용할 수 있고 그 안에서 은혜를 받을 수 있는 음악적 스타일은 세대별로 각기 다르다. 청년층은 '당김음'(싱커페이션)이 많은 곡을 쉽게 부르지만, 장년층은 그런 곡을 잘 부르지 못한다. 그러므로 통합적 예배에서는 당김음이 많이 들어가거나 리듬이 어려운 노래를 부르지 않는 것이 좋다. 반대로 장년층에게는 익숙하지만 청년층에게는 이질적인 '트로트 스타일'의 찬양도 (특별한 경우가 아니라면) 선곡하지 않는 것이 좋다.

통합적 예배를 위한 선곡 원칙

이제는 통합적 예배 때 부를 노래를 어떤 기준으로 선택하고 어떻게 조합해야 하는지 살펴보자. 예배를 위해 선곡할 때는 반드시 음악적 흐름과 가사의 흐름(영적 흐름)을 고려해야 한다.

음악적 흐름 이해하기

우리에게 편안함을 주고 아름다움을 느끼도록 감성을 자극하는 음악에는 반드시 흐름이 있다. 그중에서도 가장 많은 영향을 미치는 것은 바로 긴장과 이완의 흐름이다.

비어 있는 느낌을 주는, 적은 수의 악기로 단순하고 작게 연주하는 음악은 우리를 이완시켜 준다. 반면에 꽉 차 있고 복잡하고 많은 악기로 크게 연주하는 음악은 긴장시켜 준다. 이완시키는 음악을 들으면 안정감을 느끼지만, 너무 지나치면 지루해진다. 긴장을 주는 음악을 들으면 순식간에 몰입하게 되지만, 이것도 길어지면 피로해지고 집중하기 어려워진다. 숨을 들이마시고(긴장) 내쉬는 것처럼(이완), 음악도 자연스럽게 호흡해야(긴장과 이완이 교차되는 것) 좋은 음악, 자연스러운 음악이 된다.

그런데 교회 찬양 팀 중에도 강약과 완급의 조절 없이 계속해서 크고 긴장을 주는 연주로 회중의 귀와 마음을 피곤하게 하는 경우가 많다. 긴장과 이완의 변화가 없는 음악은 가사를 통해 하나님께 마음을 드리는 예배의 과정을 방해해서 의미 없이 입술로만 노래하는 상태로 만들 수 있고, 반대로 너무 시끄러운 음악은 회중이 마음을 닫아거는 원인을 제공할 수도 있다. 그러나 10분에서 20분 사이의 찬양 시간 동안 음악적으로 긴장과 이완이 교차하고, 이것이 신체적, 감성적 리듬과 잘 맞으면, 회중은 맞춤옷을 입은 것처럼 음악에 신경 쓰거나 방해받지 않고 가사에 마음을 담아 하나님을 예배하게 된다. 좋은 음악이 자원하는 마음 없는 사람을 예배하게 할 수 있는 것은 아니지만, 예배하기 원하는 사람이 하나님께 나가도록 도울 수 있다. 일반적으로 주일 오전예배 찬양 시간의 음악적 긴장과 이완의 흐름은 다음의 그래프처럼 네 단계로 나눌 수 있다.

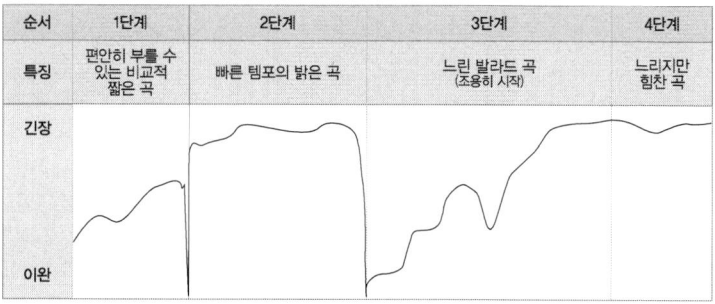

1단계에서는 편안한 분위기 가운데 찬양을 시작한다. 2단계에서는 긴장감 있는 빠르고 힘찬 곡을 부른다. 그리고 3단계에서 긴장감 있는 곡을 3분에서 6분 정도 부르다 보면 회중이 자연스럽게 피곤을 느끼게 된다. 이때는 차분한 음악으로 바꾸면서 회중에게 '쉴 수 있는' 시간을 준다. 그리고 조용한 곡에서 시작해서 점점 긴장감이 쌓이는 쪽으로 진행한다. 그리고 3단계에서 클라이맥스까지 올라간 뒤, 4단계에서는 클라이맥스의 흐름을 그대로 받아서 느리지만 힘 있는 곡들과 연결한다.

가사 내용의 흐름

통합적 예배 초반부의 찬양 시간은 보통 3-5곡으로 구성되며, 교회에 따라 10분에서 20분 정도 시간을 할애한다. 이때 부르는 노래들은 무작위가 아니라 일정한 법칙에 따라 선곡해야 한다. 다음은 예배의 각 단계에 맞는 가사 내용의 흐름을 정리한 것이다.

단계	찬양곡 주제	예제곡
1단계	예배로 나아감 주 앞에 함께 나아감	• 참 아름다워라 (478장) • 찬송하는 소리 있어 (19장) • 주 음성 외에는 (446장) • 찬양을 드리며 • 우리 모일 때 • 하나님은 너를 지키시는 자 • 주의 인자는 끝이 없고
2단계	일반적 찬양과 경배 (찬양, 송축, 감사, 하나님이 행하신 일들 등) 또는 빠른 찬송가	• 주의 이름 송축하리 • 나 기뻐하리 • 주의 이름 높이며 • 성도여 다 함께 (29장) • 큰 영화로신 주 (35장) • 내 주 하나님 넓고 큰 은혜는 (302장) • 주와 같이 길 가는 것 (430장) • 슬픈 마음 있는 사람 (91장) • 내가 매일 기쁘게 (191장)
3단계	주제적 찬양곡 (회개, 선교, 천국, 구원, 믿음, 헌신, 간구, 친밀, 전도 등)	• 주가 보이신 생명의 길 • 주님 마음 내게 주소서 • 모든 상황 속에서 • 주여 지난 밤 내 꿈에 (490장) • 내 구주 예수를 더욱 사랑 (314장) • 하나님의 은혜 • 전능하신 나의 주 하나님은

4단계	영광과 선포의 찬양 (하나님의 성품, 행하신 일들, 선포, 임재 등)	• 비전 • 나의 반석이신 하나님 • 예수 우리 왕이여 • 하나님은 우리의 피난처가 되시며 • 주 하나님 지으신 모든 세계 (79장) • 사랑하는 나의 아버지 • 주님 큰 영광 받으소서 • 지존하신 주님 이름 앞에

1단계 예배의 시작 단계에서 부르는 첫 찬양에는 어떤 내용이 어울릴까? "하나님, 우리 여기 모여 주님을 찬양하고 예배합니다. 우리의 찬양을 받아 주옵소서"라는, 우리의 마음을 하나님께 향하게 하는 내용이 가장 적합하다.

주일 아침에 예배하러 온 성도들은 일주일 동안 각자의 자리에서 분주하고 바쁜 삶을 살다 왔기 때문에 마음을 가다듬고 기도로 예배를 준비하고 싶어 한다. 이것은 예배 시작 전 교회 로비에서 커피 한 잔을 손에 들고 서로의 안부를 묻고 웃고 교제하는 미국교회와 달리, 교회에 나오면 제일 먼저 하나님께 머리를 조아려 기도함으로 정성스럽게 마음을 준비하는 한국교회만의 정서다. 그래서 10분에서 20분 정도 일찍 도착해서 조용한 오르간 반주에 맞춰 감사와 회개의 기도를 드리며 예배를 준비하는 모습은 전통처럼 이어지고 있다(현대적 예배를 드리는 지금의 청년들은 이러한 점에서도 전통 세대와 많이 다르다).

미국교회의 현대적 예배는 경건하게 기도하는 대신 성도가 서로 웃고 대화하는 분위기에서 시작하므로, 거의 대부분 빠르고 경쾌한 찬양을 부른다. 1단계를 건너뛰고 바로 2단계로 들어가는 셈이다.

하지만 경건하게 기도하는 분위기로 시작하는 한국교회 예배는 곧바로 경축(celebration)하는 내용의 밝고 빠른 곡보다 우리 마음을 하나님께 향하도록 하는 내용의 중간 템포 곡으로 시작하는 것이 좋다.

2단계 1단계에서 워밍업이 되었다면, 2단계에서는 본격적으로 하나님이 행하신 일들을 찬양하는 빠르고 힘찬 곡을 부를 수 있는 상태가 된다. 이때 찬양과 송축의 내용이 아니어도 빠르고 힘차게 부르는 곡을 배치하여 회중에게 박수치며 노래하는 훈련을 시킬 수 있으며, 같은 템포의 다른 노래와 메들리로 연결해도 좋다.

3단계 2단계에서 힘 있게 박수치며 긴장감 있게 찬양한 다음에는 긴장을 이완시키며 쉬는 단계가 필요하다. 이것이 바로 3단계다. 이 부분에서 이완을 시키지 않으면 회중의 집중력이 분산되어 가사를 제대로 묵상하지 못한다. 또한 가사 내용으로 볼 때 2단계에서 힘차게 박수치며 하나님의 행하신 일과 성품에 대해 노래한 뒤, 자연스럽게 그분에 대한 개인적인 고백이 흘러나오는 단계다. 이렇게 개인적인 고백과 친밀함을 표현하는 단계에서는 대부분 조용히 시작해서 후렴에서 긴장감이 고조되는 발라드 곡이 어울린다. 물론 하나님을 향한 개인의 고백이 선명하게 드러나는 내용이어야 한다.

4단계 3단계에 부르는, 고백적이며 하나님과의 친밀감을 표현하는 곡들은 대부분 후렴 부분이 자연스럽게 고조되는데, 이것을 그대로 이어서 하나님의 영광을 선포하고 임재를 간구하는, 느리지만 힘 있는 곡으로 자연스럽게 연결한다. 이때 네 번째 곡을 부르면서 회중이 일어나고, 찬양이 끝난 뒤 자연스럽게 다음 순서를 이어가면 된다.

통합적 예배를 위한 선곡 유형

통합적 예배를 위한 콘티(혹은 송리스트)는 크게 다음의 세 가지로 구분할 수 있다.

	주제형 콘티	일반형 콘티	혼합형 콘티
설명	그 주의 설교 주제에 2/3 이상의 곡을 맞추는 방법	그 주의 설교 주제에 상관없이 일반적인 찬양곡 (찬양, 경배, 감사, 신뢰, 송축, 친밀 등)으로 구성	주제에 맞는 곡을 한두 곡 고르고 그 곡을 찬양 콘티의 2/3 지점에 배치
장점	• 찬양곡들과 설교 주제가 일치 • 한 가지 주제로 몰입됨	• 찬양곡이 적절히 반복되는 안정적 선곡 가능 • 익숙한 찬양곡 선곡 가능 • 새로 부르게 된 곡을 2-3주 동안 반복하여 부르는 것이 가능	• 주제형과 일반형의 혼합된 형태로 두 가지 단점을 보완
단점	• 매주 거의 모든 찬양곡이 바뀌어서 새로 온 성도가 찬양곡에 적응하기에 시간이 오래 걸리고 어려움	• 찬양곡들과 설교 주제가 따로 가는 경우가 있음 • 찬양곡이 설교 주제와 상관이 없게 되어 몰입도가 떨어짐	• 잘못 선곡하여 주제가 강한 찬양 곡이 2개 이상 선곡될 경우 주제가 하나로 모이지 않아 혼란을 줄 수 있음

콘티에서 가장 중요한 점은 설교 주제에 맞는 찬양 선곡이다. 주제에서 빗나가면 안 된다. 위의 셋 중 하나만 추천하라고 한다면 나는 혼합형 콘티를 추천하고 싶다(그다음으로는 주제형 콘티를 추천한다). 혼합형은 일반 주일예배에, 일반형은 수요예배나 금요기도회에, 주제형은 시리즈 설교나 절기예배처럼 주제에 더 초점을 맞추기 원할 때 적용하면 좋다. 특히 일반형을 수요예배나 금요기도회 때 적용하면, 다양한 찬양을 배우면서 주일예배에 적용할 기회를 마련할 수 있다.

통합적 예배 선곡의 실제

A타입

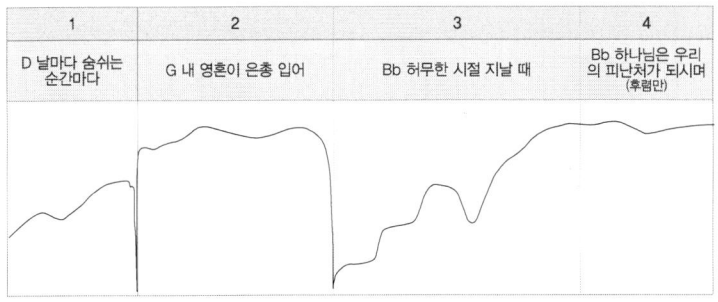

이는 예능교회의 통합적 예배 초기부터 사용한 가장 기본적인 형태다. 찬송가 한 곡과 현대적 경배송 세 곡으로 구성되어 있으며, 3번과 4번곡을 메들리로 연결했다.

B타입

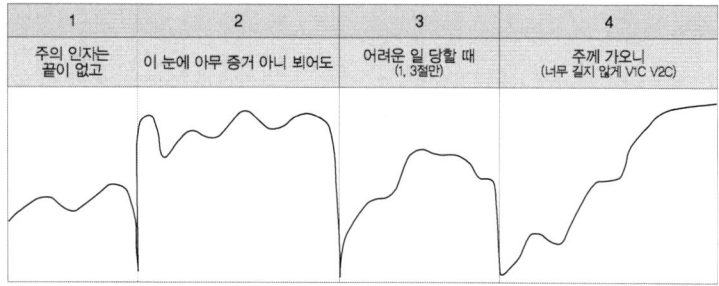

전체적으로는 A타입과 비슷하지만, 3번곡이 굴곡이 심하지 않은 찬송가이기 때문에 마지막 부분이 고조되지 않고 떨어진다. 그래서 4번 곡에서 조용히 시작하다가 점점 고조되는 형태가 되었다. 찬송가 두 곡과 현대적 경배곡 두 곡으로 구성되었고, 네 곡이 모두 메들리로 연결되지 않은 것이 특징이다.

C타입

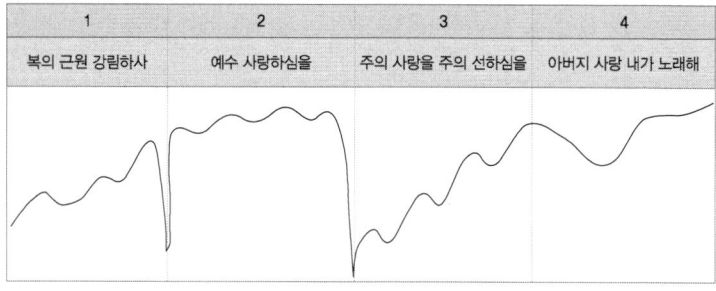

찬송가 두 곡을 앞부분에 배치하고 현대적 경배곡 두 곡은 메들리로

연결한 구성으로, 기본적으로는 A타입의 흐름과 동일하다. A타입과 다른 점이라면, 앞부분을 빠르지도 느리지도 않은 중간 템포에 '하나님의 성품과 행하신 일에 감사'하는 내용이 담긴 곡으로 골랐다는 것이다. 첫 곡에 찬송가를 사용할 때는 대체로 4분의 3박자 곡이 잘 어울린다.

D타입

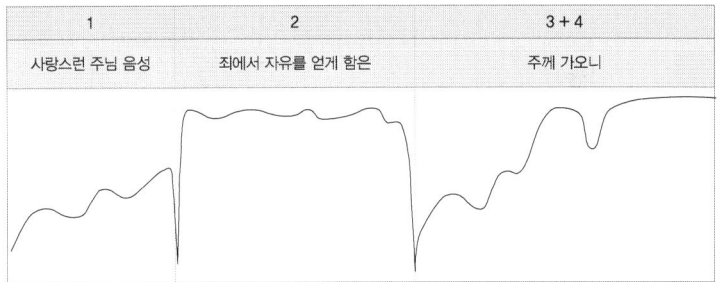

앞의 유형과 달리 세 곡으로 되어 있는 구성이다. 이 유형은 후렴에서 흐름이 높이 상승하거나 길이가 긴 (발라드 풍의) 곡을 후반부에 배치할 때 사용하기 알맞다. 이런 경우에는 찬송가 두 곡을 앞부분에 배치하고 세 곡으로 예배하는 것이 좋다.

E타입

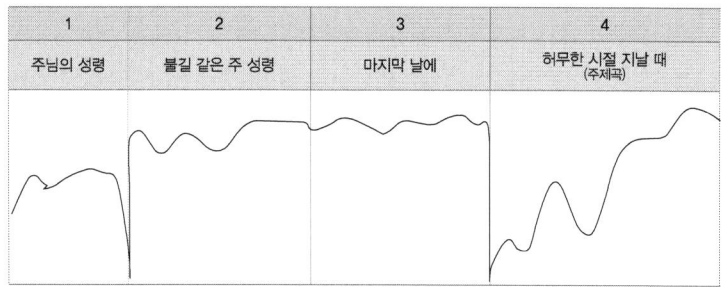

이 유형의 특징은 2번곡과 3번곡을(찬송가와 현대적 경배송을) 메들리로 연결한 점이다. 회중이 A타입의 콘티에 익숙해졌을 때 시도해 볼 수 있는 유형으로, 2번과 3번에 빠르고 힘찬 곡을 배치하고 메들리로 엮어 불러 보라. 물론 마지막 4번곡은 조용히 시작해서 긴장감 있게 끝나는 발라드 곡이 좋다.

F타입

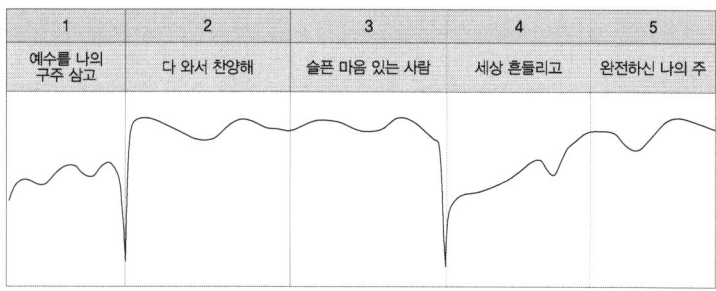

회중의 반응이 생각보다 긍정적이고 변화 속도가 빠를 때, E타입과

함께 시도해 볼 수 있는 유형의 콘티다. 부를 노래를 다섯 곡으로 늘리고 2번과 3번, 4번과 5번곡을 각각 메들리로 엮는 것이다. 실제 예배 때는 길이가 긴 노래 두 곡을 부르는 것과 같기 때문에 찬양 시간이 늘어나는 것에 대한 부담도 줄어든다.

통합적 예배의 찬양 스타일로 전환하는 과정

오랫동안 익숙해 온 예배 형식, 특히 찬양 스타일을 갑자기 바꿔 버리면 어느 교회든 심한 거부감과 반발이 나타나기 마련이다. 오래된 교회일수록 이런 현상이 심하기 때문에 시간을 두고 단계별로 전환해야 한다.

1단계

먼저 전통적 예배 순서에서 가장 처음 부르는 찬송가('경배와 찬양' 주제에 해당하는 새찬송가 8장~96장 사이의 곡들)를 회중이 잘 아는 동일한 조의 현대적 경배곡과 연결해서 불러 보라.

예)
거룩 거룩 거룩 전능하신 주님(새찬송가 8장) + 거룩 거룩 거룩 만군의 주여
전능 왕 오셔서(새찬송가 10장) + 지존하신 주님 이름 앞에
하나님의 크신 사랑(새찬송가 15장) + 예수 우리 왕이여
성도여 다 함께 (새찬송가 29장) + 주께 가오니

예배 때 오르간을 사용하는 교회라면, 찬송가와 연결해서 부를 현대적 경배곡은 오르간으로 연주해도 괜찮을 노래로 선곡하는 것이 좋다. 앞에서 나눈 대로 당김음이 많은 곡은 가급적 사용하지 않기를 권한다. 피아노를 기본적으로 사용한다는 전제 아래 악기 구성은 (가능한 선에서) 오르간이나 신시사이저를 사용하는 것이 좋다.

2단계

회중이 1단계의 찬양에 익숙해지면 찬양을 세 곡으로 늘려 본다.

예)
내 진정 사모하는(새찬송가 88장) + 전능 왕 오셔서(새찬송가 10장) + 지존하신 주님 이름 앞에
완전하신 나의 주 + 전능 왕 오셔서(새찬송가 10장) + 지존하신 주님 이름 앞에
나 무엇과도 주님을 바꾸지 않으리 + 하나님의 크신 사랑(새찬송가 15장) + 예수 우리 왕이여
만유의 주재(새찬송가 32장) + 하나님의 크신 사랑(새찬송가 15장) + 예수 우리 왕이여
하나님은 너를 지키시는 자 + 성도여 다 함께(새찬송가 29장) + 주 하나님 독생자 예수

이때부터 기타와 신시사이저, 드럼 같은 현대 악기를 사용해 보라. 처음에는 음량을 줄이고 제한적으로 사용하는 것이 좋다.

3단계

회중이 현대적 경배곡과 밴드 연주에 익숙해졌다고 판단되면 통합적 예배 모델에서처럼 찬양을 네 곡으로 구성하라. 이때 전통적 악기인 오르간과 밴드의 역할을 예배 때마다 명확하게 구분해 주는 것이 좋다.

예)
- 오르간과 밴드 둘 다 있는 교회라면, 오르간은 2번곡과 4번곡 전주 때만 연주하거나 4번곡 때만 반주한다.
- 밴드는 없고 오르간만 있는 교회라면, 오르간은 1번과 2번, 4번곡만 연주하고 3번곡은 피아노나 신시사이저가 반주한다.
- 완벽한 밴드 구성을 갖춘 교회라면, 오르간은 4번곡에서만 연주하거나 아예 오르간 없이 밴드만 연주한다.
- 거듭 강조하지만 예배 전환 과정의 범위와 속도는 각 교회 공동체의 영적 수준과 정서, 문화를 고려하여 지혜롭게 조절해야 함을 기억하라. 욕심을 내서 너무 빨리 바꾸려 하지 말고 회중이 새로운 예배 형식과 찬양, 분위기에 익숙해지도록 여유를 갖고 차근차근 진행하기를 권한다.

마치며

집필 제안을 받은 지 2년여가 흐른 뒤에 이 책이 세상의 빛을 보게 되었습니다. 출판 과정 전반을 다스리신 주님의 은혜가 참으로 귀하고 특별한 것 같습니다. 무엇보다 삶과 사역의 자리가 서로 다른 이들이 한국교회를 위해 마음과 뜻을 합해 책을 냈다는 사실이 제게는 첫 아이를 출산했을 때처럼 들뜨고 행복합니다.

저는 감히 이런 글을 쓸 자격이 없는 사람이지만 주님께서 부족한 글을 통해 한국교회 예배갱신을 위한 작은 빛을 던져 주실 줄 믿고 순종했습니다. "과거의 나쁜 습관에 여전히 지배를 받으면서도 말로 가르칠 수 있는 사람이 있다면 그냥 가르치도록 내버려 두십시오. 혹시라도 자기가 한 말을 통해 스스로 부끄러움을 느끼고 언젠가 자기의 가르침을 행할 날이 올지도 모르기 때문입니다"라는 요한 클리마쿠스(John Climacus)의 말은 정녕 제게 해당하는 것입니다.

다리놓는사람들에서 삶을 나누며 함께 달려온 조건회 목사님과 박정관 목사님, 모교인 장신대에서 예배학을 가르치시는 김경진 목사님께 감사드립니다. 여러분처럼 귀한 분들과 함께할 수 있는 것이 제게 복입니다. 또한 어려운 상황에서도 이 책을 출판하기 위해 애쓰고 수고한 예수전도단 출판사의 모든 형제자매에게도 감사드립니다. 오직 하나님께만 영광이 되기를 소망합니다.

김진호 목사

"물은 수원지 이상 올라갈 수 없다"는 말이 있습니다. 마찬가지로 교회는 담임목사가 아는 만큼만 예배하게 되어 있습니다. 그래서 담임목사는 성도들이 예배를 통해 하나님을 깊이 만나도록 예배의 본질을 개혁해 가는 한편, 형식적인 측면에서도 성도들이 타성에 안주하지 않도록 갱신의 역사를 이뤄가야 합니다. 이것이 바로 담임목사가 끊임없이 배우고 목회 현장에 새로운 것을 적용해야 하는 까닭입니다.

저는 이 책에서 교회의 미래인 다음 세대와 함께하는 통합적 예배 부분을 다뤘습니다. 십대 시절부터 20년 이상 현대적 찬양과 경배 스타일의 예배를 드려온 친구들에게 어른이 되었다는 이유만으로 갑자기 전통적 예배에 참여하라고 하는 것은 캐주얼 복장으로 살던 이들에게 하루아침에 한복을 입히려고 하는 것과 같은 일입니다. 젊은이들이 계속해서 믿음의 계보를 이어가는 미래가 있는 교회를 꿈꾸는 담임목사라면 반드시 이 책의 내용을 고민해야 할 것입니다.

이 책을 통해 많은 고민이 해소되고 예배사역에 변화의 바람이 불어오기를 간절히 바랍니다. 이 책이 만들어지기까지 수고해 주신 모든 분께 진심으로 감사드립니다.

조건회 목사

솔직히 처음 이 책의 집필을 제안받았을 때는 간단하게 마무리할 수 있는 작업일 거라 생각했습니다. 하지만 시간이 흐를수록 이 책이 다루는 이슈가 제가 주장해 온 한국교회 예배의 뿌리 깊은 문제점과 맞닿아 있음을 알게 되었습니다. 새벽예배와 수요예배, 금요기도회 같은 다양한 형태의 예배를 열정적으로 드리며 수적 성장을 이뤘음에도 지금 한국교회가 사회로부터 지탄의 대상으로 전락한 밑바탕에는 '예배의 위기'가 있습니다. 그토록 많은 예배를 드림에도 삶이 바뀌지 않는다는 것이 우리 예배가 오작동하고 있다는 명확한 증거입니다. 하나님이 하신 일과 하고 계신 일, 하기로 약속하신 일에 대한 응답이 예배일진대, 어찌 아무 일도 일어나지 않을 수 있겠습니까?

여러 가지 상황적 변수로 집필에 오랜 시간이 걸렸고, 예배관과 예배신학, 예배 영성과 예배 디자인이라는 넓은 영역을 다뤄야 하는 쉽지 않은 작업이었지만, 평소 존경하던 세 분 목사님과 함께 잘 마무리하게 되어 감사한 마음입니다. 또한 졸고를 멋진 책으로 빚어 준 도서출판 예수전도단의 모든 형제자매님에게도 감사드립니다. 마지막으로 이 책을 읽는 담임목회자들을 통해 한국교회의 예배가 인본주의적이고 기복적인 요소를 벗고, 형식이 아니라 오직 하나님만 드러내는 내용에 초점을 맞추게 되기를 바랍니다.

김경진 목사

글쓰기를 마치면서 지난 1980년대 후반부터 일어난 찬양과 경배 운동 및 그 운동에 수반된 기독문화 운동에 참여한 많은 사람이 떠올랐습니다. 마음을 다해 하나님을 찬양하고 예배하는 것으로 하나님이 살아 계시다는 것을 드러내며 기독교문화의 꽃이 피게 한 그들 모두에게 감사하고 싶습니다.

    1970년대 한국교회 안에 일어난 성령운동과 성경공부 운동을 통해 이십대의 젊은 나이에 하나님께 헌신한 그들은 하나님을 높이고자 하는 마음을 억누를 수 없어 함께 하나님을 찬양하고 예배했습니다. 그 과정에서 십대와 이십대의 젊은이들이 주축이 된 큰 운동이 일어났고, 그 운동은 지금 한국교회가 누리고 있는 문화의 시발점이 되었습니다. 그리고 이 문화의 중심에는 예배가 있었습니다. 당시 십대와 이십대는 이제 삼십대부터 오십대까지의 장년층이 되어, 교회의 허리와 같은 역할을 감당하고 있습니다. 이것은 청소년부나 청년부에서만 일어난 변화가 이제 교회 전반에 확산될 때가 왔다는 것을 의미합니다. 이런 변화에 가장 중요하고 민감한 영역이 예배모임입니다. 이 책이 이러한 변화에 대한 적절한 이해와 대처를 위한 좋은 지침서가 되기를 바랍니다.

    마지막으로 이 지침서를 기획하고 편집한 예수전도단 출판사에 깊이 감사합니다.

박정관 목사

참고도서

1부

구본선, 《한국 교회 처음 예배당》, 홍성사, 2013
김경진 외, 《예배가 살아야 교회가 산다》, 한국장로교출판사, 2012
김성한, "개신교 교회 건축의 변천 과정과 한국 개신교 교회 건축의 특징", 서울대학교 석사논문, 1988
김세광, 《예배와 현대문화》, 대한기독교서회, 2005
로버트 웨버, 《예배의 역사와 신학》, 정장복 옮김, 한국장로교출판사, 1995
_____, 《예배가 보인다 감동을 누린다》, 김세광 역, 예영커뮤니케이션, 2004
박정관, "찬양과 제사: 교회가 지켜야 할 두 가지 기억" 〈워십리더〉, 2013년 6월, p.20-24
사무엘 E. 발렌틴, 《레위기: 현대성서주석》, 한국장로교출판사, 2011
잭 R. 테일러, 《찬양 중에 거하시는 하나님》, 이석철 옮김, 요단출판사, 1997
제임스 F. 화이트, 『개신교 예배』, 김석한 역, 기독교문서선교회, 2002
_____, 정장복 외 옮김, 『기독교 예배학 입문』, 예배와설교아카데미, 2000
조갑진, 《신약의 예배》, 크리스챤서적, 2007
존 I. 더햄, 《출애굽기: WBC 주석3》, 손석태 역, 솔로몬, 2000
허도화, 《한국 교회 예배사》, 한국강해설교학교, 2003

Hugh G. M. Williamson, *1 and 2 Chronicles*, The New Century Bible Commentaries, Marshall, Morgan & Scott, 1982

Samuel E. Balentine, *The Torah's Vision of Worship*, Overtures to Biblical Theology, Fortress Press, 1999

2부

고든 웨익필드,《예배의 역사와 전통》, 김순환 역, 기독교문서선교회, 2007
빌리암 나아겔,《그리스도교 예배의 역사》, 박근원 역, 기독교서회, 2006
알렉산더 슈메만,《세상에 생명을 주는 예배》, 이종태 역, 복있는 사람, 2008
윌리엄 D. 맥스웰,《예배의 발전과 그 형태》, 정장복 역, 쿰란출판사, 1996
제임스 F. 화이트,《기독교예배학입문》, 정장복 · 조기연 역, 예배와설교아카데미, 2000
윌리엄 D. 맥스웰,《예배의 발전과 그 형태》, 정장복 역, 쿰란출판사, 1996
Robert J. Daly, *Christian Sacrifice*, The Catholic University of America Press, Washington, D.C. 1978

3부

김진호,《그 집에서 만난 복음》, 예수전도단, 2014
＿＿＿,《예배와 삶》, 다리놓는사람들, 2003
＿＿＿,《예배자의 마음 기르기》, 예수전도단, 2012
제씨 펜 루이스,《십자가의 도》, 이현수 역, 두란노, 2006
존 파이퍼,《열방을 향해 가라》, 김대영 역, 좋은씨앗, 2008
크리스티안 A. 슈바르츠,《자연적 교회성장》, 도서출판 NCD, 2008

A. W. 토저, 《이것이 예배이다》, 이용복 역, 규장, 2009
Graham Kendrick, *Learning to Worship as a way of life*, Bethany House Publishers, 1985
Kevin J. Conner, *The Tabernacle of David*, City Christian Publishing, 1982
_____, *The Tabernacle of Moses*, City Christian Publishing, 1982
Robert E. Webber, *Worship Old and New*, Zondervan, 1994
Ronald Allen & Gordon Borror, *Worship: Rediscovering the Missing Jewel*, Multmomah, 1982

4부

김영국, 《성공적인 예배를 위한 음악 목회 프로그램》, 한국장로교출판사, 2005
김진호, 《숨겨진 보물, 예배》, 예수전도단, 1989
로버트 웨버, 《살아 있는 예배를 위한 8가지 원리》, 황인걸 역, 예본출판사 2006
_____, 《예배가 보인다 감동을 누린다》, 김세광 역, 예영커뮤니케이션, 2004
박정관, 《하나님이 찾으시는 참된 예배자》, 생명의말씀사, 1999
윌리엄 D. 맥스웰, 《예배의 발전과 그 형태》, 정장복 역, 쿰란출판사, 1996
유재원, "예배의 정의와 현대 예배의 4가지 유형", 〈목회와 신학〉, 2012년 4월호
_____, 《이머징예배 따라잡기》 미션아카데미, 2011
이유정, "예배 이렇게 디자인하라" 《예배 - 목회와신학 총서 6》, 두란노아카데미, 2011
_____, "예배 전통의 수호와 변화, 그 사이", 〈목회와 신학〉, 2008년 8월호
_____, "이유정 목사의 예배 디자인(8) 성육신 모델을 적용한 예배 리더", 〈목회와 신학〉 2008년 11월호

_____, "이유정 목사의 예배 디자인(9) 미래 교회의 대안", 〈목회와 신학〉, 2008년 12월호

정장복,《예배학개론》, 종로서적, 1985

제임스 F. 화이트,《개신교예배》, 김석한 역, 기독교문서선교회, 2002

존 파이퍼,《열방을 향해 가라》, 김대영 역, 좋은씨앗, 2008

프랭클린 M. 지글러,《예배학원론》, 요단출판사 1999

하덕규, "시대와 호흡하는 예배 음악", 〈목회와 신학〉, 2006년 9월호

Gregory Dix, *The Treatise on the Apostolic Tradition of St. Hippolytus of Rome, Bishop and Martyr*, Routledge, 1995

Louis Bouyer, *Eucharist: Theology and Spirituality of the Euphemistic Prayer*, University of Notre Dame Press, 1989

Robert Webber, *Planning Blended Worship: The Creative Mixture of Old and New*, Abingdon Press, 1998

Vernon H. Heufeld, *The Earliest Christian Confessions*, Eerdmans, 1963

목회를
위한
예배에서
예배를
위한
목회로
나아가다

담임목사가 꿈꿔야 할 예배

지은이 김진호
  조건희
  김경진
  박정관

2014년 11월 6일 1판 1쇄 펴냄
2020년 7월 31일 1판 2쇄 펴냄

펴낸곳 도서출판 예수전도단
출판 등록 1989년 2월 24일(제2-761호)
주소 서울특별시 강서구 양천로 424
  가양역 데시앙플렉스 지식산업센터 530호
전화 02-6933-9981 · **팩스** 02-6933-9989
이메일 ywampubl@gracemedia.co.kr
홈페이지 www.ywampubl.com

ISBN 978-89-5536-456-9

책값은 뒤표지에 있습니다.
잘못된 책은 바꾸어 드립니다.